我国相互保险组织治理研究

WOGUO XIANGHU
BAOXIAN ZUZHI ZHILI
YANJIU

罗利勇　胡启明　吴欣欣　宋中华　著

 四川大学出版社

项目策划：徐　凯
责任编辑：徐　凯
责任校对：毛张琳
封面设计：墨创文化
责任印制：王　炜

图书在版编目（CIP）数据

我国相互保险组织治理研究 / 罗利勇等著 . 一 成都：
四川大学出版社，2020.4
　（博士文库）
　ISBN 978-7-5690-3725-8

Ⅰ . ①我… Ⅱ . ①罗… Ⅲ . ①保险业－研究－中国
Ⅳ . ① F842

中国版本图书馆 CIP 数据核字（2020）第 054534 号

书名	我国相互保险组织治理研究
著　者	罗利勇　胡启明　吴欣欣　宋中华
出　版	四川大学出版社
地　址	成都市一环路南一段 24 号（610065）
发　行	四川大学出版社
书　号	ISBN 978-7-5690-3725-8
印前制作	四川胜翔数码印务设计有限公司
印　刷	郫县犀浦印刷厂
成品尺寸	170mm×240mm
印　张	13.75
字　数	223 千字
版　次	2020 年 4 月第 1 版
印　次	2020 年 4 月第 1 次印刷
定　价	58.00 元

◆ 读者邮购本书，请与本社发行科联系。
　电话：(028)85408408/(028)85401670/
　(028)86408023　邮政编码：610065
◆ 本社图书如有印装质量问题，请寄回出版社调换。
◆ 网址：http://press.scu.edu.cn

四川大学出版社
微信公众号

前　言

国际保险业历史上经历了"相互化"和"非相互化"的浪潮，但即便在低谷时期，相互保险在国际保险市场仍然占有重要地位，特别是2008年金融危机后，相互保险的发展又开始走出低谷。长期以来，我国保险业组织形式一直是单一的股份制公司，影响了保险产品的供给，制约了保险业的发展。当前，发展相互保险是我国推进保险业供给侧改革的重要举措。由于我国近年来才开始试点相互保险，相互保险组织如何发展、如何治理还处于摸索阶段。从学界看，相关理论研究尚处于起步阶段，尤其是关于相互保险组织治理问题的研究才刚起步，基本停留在对国外治理情况的介绍层面，缺乏深入的系统性研究。为促进相互保险组织的发展，有必要对其治理进行系统的研究。

本书的主要研究思路是：通过与股份制保险公司治理的对比分析，深入剖析我国相互保险组织的特性，并考察借鉴国外的相互保险组织治理模式，探讨构建适合我国相互保险组织的治理体系。本书首先对相互保险组织的形态特征进行剖析，然后从人性假设、产权关系、委托—代理关系、协同治理、治理目标取向以及章程的作用等方面剖析相互保险组织治理的本质特征，在此基础上建立分析框架。在分析框架的基础上，通过规范分析与案例实证分析相结合，具体分析了内部治理结构、决策机制、激励约束机制、信息披露机制和监督机制的构建及具体实施，建立相互保险组织的治理体系。

本书的主要观点如下：

第一，当前，我国相互保险组织直接沿用股份制保险公司的治理模式，没有形成适合自身的治理体系。这将影响我国相互保险组织治理的效力、公信力的提升和资金的筹集，最终影响我国相互保险组织的可持续发展。

第二，我国相互保险组织的治理体系由自身的独特性决定。应该是内部结构性治理和外部功能性治理相结合、内外并重的治理结构体系。保东、保证性资金提供者、政府及职工都应参与内部治理，应根据重要利益相关者分设权力机构，设置董事会和监事会、管理层，并保持三者间的独立与制衡。外部治理中政府应发挥核心主导作用，并引导社会机构积极介入。

第三，以董事会为最高决策主体的决策机制是相互保险组织"平等自愿、民主管理、自我发展"的核心治理机制。应建立重要利益相关者参与决策的机制，通过董事会的决策制衡形成组织的最终决策，制定并保障战略的有效执行。

第四，激励与约束机制是相互保险组织发展的动力。应以自利性和社会性相结合的人性假设为出发点，建立以使命感、成就感为主的内在激励和以经济报酬、职业声誉、组织文化等为主的外在激励有机结合的激励与约束机制，并根据微观个体的具体特点有差别、有针对性地实施。

第五，信息披露机制是相互保险组织治理的基础。必须以提升组织公信力为目标，建立以政府强制性为主导、组织自愿性为补充、第三方机构为辅助的信息披露体系。

第六，监督机制是确保相互保险组织向着目标可持续发展的重要保障。应将制度监督和道德监督相结合，建立以组织自律为基础、政府监督为核心、社会监督为补充，并相互间有机联动、相互制约的监督机制框架体系。

本书以自利性与社会性相结合的人性假设为前提，将交易成本理论、产权理论、委托—代理理论、宪政经济学等经济学理论引入相互保险组织治理研究。在借鉴国外相互保险组织治理的基础上，通过与股份制保险公司的深入对比分析，剖析我国相互保险组织治理的独特性，提出"内部结构性治理与外部功能性治理并重"的适合于我国相互保险组织治理的框架体系。

由于我国相互保险组织尚处于起步阶段，囿于资料和实践经验，本书对我国相互保险组织治理的本质特征未能进行全面、深入的剖析，所建立的治理框架体系可能存在欠缺，有待日后进一步完善。

目 录

第一章 导论……………………………………………（ 1 ）
　第一节 问题的提出………………………………（ 1 ）
　第二节 相关概念介绍……………………………（ 3 ）
　第三节 研究文献综述……………………………（ 4 ）
　第四节 结构安排与研究方法……………………（ 8 ）

第二章 相互保险组织的界定及存在原因探析……（ 11 ）
　第一节 相互保险组织的含义与形态特征………（ 11 ）
　第二节 相互保险组织的经济性质及资源配置功能………（ 20 ）
　第三节 相互保险组织存在原因的分析…………（ 22 ）

第三章 相互保险组织治理的本质特征及分析框架………（ 28 ）
　第一节 相互保险组织治理的本质特征…………（ 28 ）
　第二节 我国相互保险组织治理的分析框架……（ 51 ）

第四章 相互保险组织的内部治理结构……………（ 60 ）
　第一节 相互保险组织内部治理结构的基本框架………（ 60 ）
　第二节 我国相互保险组织内部治理结构的实证分析………（ 67 ）
　第三节 相互保险组织内部治理结构的构建……（ 71 ）

第五章 相互保险组织的决策机制…………………（ 83 ）
　第一节 决策机制的一般模式……………………（ 83 ）
　第二节 我国相互保险组织决策机制的实证分析………（ 91 ）
　第三节 相互保险组织决策机制的构建…………（ 93 ）

第六章　相互保险组织的激励约束机制……………………（ 97 ）

　　第一节　相互保险组织激励约束机制的内涵及影响因素………（ 97 ）

　　第二节　相互保险组织激励约束机制的基本框架……………（110）

　　第三节　我国相互保险组织激励约束机制的实证分析………（115）

　　第四节　相互保险组织激励约束机制的构成与构建原则………（118）

　　第五节　保东代表激励约束机制的实施策略…………………（123）

　　第六节　董事、监事的激励约束机制的实施策略……………（126）

　　第七节　管理者激励约束机制的实施策略……………………（130）

第七章　相互保险组织的信息披露机制………………………（137）

　　第一节　相互保险组织信息披露的目标及参与者的信息行为博弈

　　　　　　………………………………………………………（138）

　　第二节　相互保险组织信息披露机制的基本框架……………（146）

　　第三节　我国相互保险组织信息披露机制的实证分析………（149）

　　第四节　相互保险组织信息披露机制的构建原则……………（151）

　　第五节　强制性信息披露机制的实施…………………………（154）

　　第六节　自愿性信息披露和第三方机构信息披露的实施………（162）

第八章　相互保险组织的监督机制……………………………（165）

　　第一节　相互保险组织的监督：理论依据与自身特点………（165）

　　第二节　相互保险组织的监督机制：国外视野与一般框架……（169）

　　第三节　我国相互保险组织监督机制的实证分析………………（174）

　　第四节　相互保险组织监督机制的构建原则……………………（179）

　　第五节　基于自律的监督机制的实施……………………………（182）

　　第六节　基于他律的监督机制的实施……………………………（188）

结　论……………………………………………………………（193）

参考文献…………………………………………………………（198）

第一章 导论

第一节 问题的提出

一、选题背景

保险业是我国经济体系的重要组成部分，发挥着资金融通、经济补偿和社会管理的功能。国务院分别于 2006 年和 2014 年两次出台关于加快保险业发展的专门意见，提出了我国保险业发展的目标：建设集速度、质量和效益三者于一体的现代保险业。自 2001 年 11 月 10 日我国加入世界贸易组织（WTO）后，我国保险业蓬勃发展，无论是外资企业还是中资企业，无论是机构网点还是资产规模，无论是从业人员数量还是保费收入规模，都取得了很大的飞跃。但在保险组织形式上，我国仍然以股份制保险公司为主。在国外，除股份制保险公司外，还有另一种重要的保险组织形式——相互保险组织。

相互保险组织最早起源于古埃及，中世纪的欧洲出现了相互保险的雏形，17 世纪精算技术发展成熟后，现代相互保险组织开始出现。20 世纪初相互保险组织开始蓬勃发展，许多股份制保险公司转化为相互保险组织，20 世纪 90 年代又出现了相互保险组织向股份制保险公司转化的浪潮，21 世纪金融危机后相互保险组织再次出现温和复苏的迹象。但无论怎样变化，相互保险组织始终在国际保险业中占据着重要的位置：20 世纪 80 年代后期，相互保险占全球保险市场的份额将近 66%；2007 年相互保险处于低谷时期，市场份额占 23.7%；2014 年相互保险市场份额增长至 27%，世界排名前 50 位的保险组织中有 9 家是相互保险组织。

我国从 19 世纪 80 年代起就开始尝试相互保险的运作，1984 年就成立了中国船东互保协会，随后还成立了中国职工保险互助会（1993）、中国渔船船东互保协会（1994）等几家相互保险形式的组织，但这几家相互保险组织都是在民政部门登记的社团组织，并由交通部、农业部等行业主管部门管理。在中国保监会的积极推动下，2004 年筹建并于 2005 年成立的阳光农业相互保险公司是第一家在工商行政管理部门登记而不是在民政局登记的相互保险类型的组织。2006 年出台的《国务院关于保险业改革发展的若干意见》（简称"国十条"）提出"探索发展相互制、合作制等多种形式的农业保险组织"。2014 年国务院加快保险服务业发展的新"国十条"提出"健全农业保险服务体系，鼓励开展多种形式的互助合作保险"。在国家政策的支持下，相互保险组织逐步发展，信美人寿相互保险社等多家相互保险组织相继成立。保险业界关于发展相互保险组织的呼声越来越高，相互保险组织必将在我国取得一定的发展，并在一些被股份制保险公司遗弃的高风险和低收入群体等保险领域发挥重要作用。

由于相互保险组织目前在我国的发展较为滞后，相关理论研究也非常欠缺，除了在相互保险组织法律制度方面有部分研究外，学界多是对一些国外的相互保险组织形式进行介绍，几乎没有针对相互保险组织展开研究，更谈不上对相互保险组织治理方面的深入研究。因此，相互保险组织治理实践也基本上是沿用股份制保险公司的治理机制。

实际上，作为一种特殊的保险组织形式，相互保险组织与股份制保险公司存在很大的差异：相互保险组织没有股东投入资本，虽然缴纳保费的保单持有人有分配红利的权利，但并不以获取红利为主要目的，因此相互保险组织不以营利为主要任务。同时，相互保险组织与非营利组织也不相同：一般的非营利组织以"不分配约束"为特征，会员不以获得经济利益为目的，但相互保险组织的保东却以获取保险事故发生后的赔款为目的，并加以适当的红利收入或清算收益。

基于以上基本组织原则的差异，相互保险组织在组织治理上也必然有其特殊性，不能简单地沿用股份制保险公司的治理模式。因此，需要对相互保险组织的治理从理论和实践上进行研究。

二、研究意义

本书的研究意义在于通过深入分析相互保险组织自身的特殊性，构建相互保险组织的治理体系，以提高我国相互保险组织的治理水平，促进相互保险组织的健康发展，助力我国保险业供给侧改革。

第二节　相关概念介绍

一、相互保险组织

"美国加利福尼亚州保险法规定'相互保险组织是指没有股本而由全体保单持有人共同所有的保险组织'；英国金融监管局定义'相互保险组织是指没有股本但具备法人资格的保险实体'。"[①] 我国《相互保险组织监管试行办法》称："相互保险组织是指，在平等自愿、民主管理的基础上，由全体会员持有并以互助合作方式为会员提供保险服务的组织，包括一般相互保险组织，专业性、区域性相互保险组织等组织形式。"

二、保东

保东是指与相互保险组织签订保险合同并缴纳保险费的投保人，保东持有保单，具有双重身份，既是保险消费者，又是相互保险组织的所有人，可以凭借其身份参与组织治理、获得利润分配。有的相互保险组织也借用非营利组织的称谓，称保东为会员或成员。为体现相互保险组织存在这一类主体的独特性，本书采用我国台湾地区逢甲大学保险研究所方明川教授提出的称谓，称其为保东。

三、保证性资金

保证性资金指相互保险组织中具有担保性质的资金，包括接受捐赠

---

① 张领伟，王海涛. 相互保险发展的国际经验探析［J］. 清华金融评论，2016（3）：82.

获得的捐赠型保证性资金和通过债务获得的债权型保证性资金。这类资金在退出、偿付方面受到限制，劣于相互保险组织对保单持有人的保险责任支出，但又优于保东的红利分配，其地位比较类似于股份制公司的优先股，具有对一般债务和保险责任的担保作用。

根据进入公司的时间，保证性资金分为初始保证性资金和补充保证性资金。各国法律都规定了相互保险组织设立时需募集足额的运营资金，具体称谓各国各有表述，日本称"设立基金"，德国称"初始资金"，美国马萨诸塞州称"保证资本"，我国称"初始运营资金"。初始保证性资金一般由发起成立组织的发起人担负筹集责任。相互保险组织持续经营期间，除通过盈余积累补充运营资金外，还可通过获取捐赠或债务工具、混合权益工具等筹集所需的担保性资金，即为补充保证性资金。

第三节　研究文献综述

一、国外相互保险组织治理研究综述

作为国外较早研究保险公司治理的学者，斯皮勒（Spiller，1972）在他的 *Ownership and Performance：Stock and Mutual Life Insurance Companies* 中以 19 家股份制保险公司和 27 家相互保险公司为实证分析样本，采集财务指标进行对比分析，发现相互保险组织的财务指标更差，他认为产生这种差异的原因应该是两类组织所有权的差异，股份制保险公司的所有权归追求资本增值的股东，相互保险公司的所有权却归以互助为目标的保东。Jemison 和 Oakley（1981）对相互保险公司治理改革的必要性进行了分析，Hansmann（1985）、Rappaport（1990）、Smith 和 Stutzer（1990）等围绕互助保险公司治理的优缺点进行了分析。Mayers 和 Smith（1981，1988，1994）把相互保险公司和股份制保险公司的共存归因于经理人面对不同业务的自由裁量权，他们认为不同的保险产品具有不同的风险状况，在定价、承保、理赔以及准备金提取政策等方面所需要的自由裁量权是不同的，风险大的业务需要经理拥

有较大的自由裁量权，风险小的业务需要经理拥有较小的自由裁量权，股份制保险公司赋予经理的裁量权更大，相互保险组织则更小。因此，不同保险产品的并存引起不同数量和程度的经理裁量权并存，相互制和股份制两种类型的组织也就需要共存。Lamm-Tennant 和 Starks（1993）在 *Starks L. T. Stock versus Mutual Ownership Structures：the Risk Implications* 中利用面板数据检验了经理人自由裁量权假说，Pottier 和 Sommer（1997）在 *Agency Theory and Life Insurer Ownership Structure* 中以寿险公司的数据为样本也对经理人自由裁量权假说进行了检验。Mayers 和 Smith（1992）将研究对象聚焦于经营管理者的薪酬差异，通过对股份制保险公司的研究指出，与相互保险公司相比，股份制保险公司的管理层以及分支机构经理的薪酬更高。关于经理人的薪酬高低的研究，Gardner 和 Grace（1994）、Marx 等（2001）的结论也与 Mayers 和 Smith 相同。Carson 等（1998）对人寿相互保险公司的"非相互化"转化的动因进行了实证研究，指出这种转变来自提高盈利和降低治理成本两个方面。O'Sullivan 和 Diacon（1999）以英国相互保险公司和股份制保险公司为样本，研究了两种组织形式下外部治理机制与内部治理机制的关系，从董事会结构、薪酬设计、审计委员会等方面证明了内部治理和外部治理机制间的替代关系。He 和 Sommer（2011）指出必须根据组织的自身特点来确定合适的治理系统。O'Sullivan 和 Diacon（2003）通过对比分析指出，相互保险公司中的外部董事占比更高，董事长和总经理两职也基本呈现分离状况。Hardwick 等（2011）以英国寿险公司为样本，发现相互保险公司中独立董事的比例更高。Cheng 等（2015）在 *Ownership Structure and CEO Turnover* 中以美国财产意外伤害保险公司为研究对象，指出相互保险组织更趋于稳定，非常规 CEO 更替的可能性更小，CEO 更替与公司绩效的关联性也更低。

二、国内相互保险组织治理研究综述

由于我国相互保险组织尚处于试点阶段，学界对相互保险组织的研究总体较少，其中多数是从保险经营的角度比较相互保险组织和股份制保险公司的优劣，以此来探讨我国发展相互保险组织的可行性与必要性，针对相互保险组织治理的研究则较少。王显刚（2005）在《相互制

保险公司组织形式研究——在中国市场运用的可行性》一文中从产权和
内部治理结构两方面对相互保险公司和股份制保险公司进行了比较研
究，指出绝大部分相互保险公司的所有者（投保人）不能有效控制经营
者，但由于所有者（投保人）的保险利益有保险合同作为保障，对剩余
收益的要求又处于次要地位，因此其控制权也并不那么重要。在治理结
构方面，王显刚指出相互保险公司与股份制保险公司基本相似，至于具
体采用哪种模式应结合各国的法律、传统和文化。在激励机制方面，相
互保险公司经营者经济利益激励较低，但因其经营控制权较大，在职消
费较多，声誉机制与股份制保险公司没有明显差异。在监督机制方面，
相互保险公司"手投票"的效果不明显，"脚投票"因退保成本很高，
实际不可行，相互保险公司的会员大会因分散性和平等性而导致监督权
力弱化，并且会影响到监事会。决策机制方面最大的差异是实行一人一
票。在外部治理方面，相互保险公司缺乏证券市场的影响。张柯
（2005）在《相互保险公司与股份保险公司的比较研究》一文中以德国
和日本的保险公司为考察对象，对比分析了相互保险公司和股份制保险
公司的内部治理结构、外部治理结构以及激励机制，指出相互保险公司
的外部治理结构和激励机制较为薄弱，在控制所有者和管理者间的矛盾
冲突方面存在不足。何春燕（2006）在《相互保险公司法律制度研究》
一文中从法律角度研究了相互保险公司的产权结构和投保人的权利义
务。张祖荣（2006）在《农业相互保险制度的利弊分析》一文中指出农
业相互保险制度中存在会员分散、代理关系复杂等因素，因此很难建立
有效的内外治理结构。郭学勤和张秀芝（2007）在《相互保险及其对我
国发展职工互助保障的启示》一文中分析了相互保险公司的特征，提出
我国应借鉴国外相互保险组织的经验，在发展职工互助保障时，应注意
合理选择保障领域、设计需要的治理结构、努力控制风险等几个问题。
王新（2008）在《论相互保险公司法律制度的构建》一文中通过对欧美
国家的考察，提出了我国相互保险公司引入独立董事、增设董事会提名
和审计两个委员会、建立董事会报告制度等治理结构方面的优化建议。
刘素春（2010）在《中国农业保险组织形式研究》一文中从控制权、收
益权和治理结构方面进行了比较分析，指出相互保险公司和股份制保险
公司在控制权上基本一致，但由于保单持有人（会员）的重大利益——

保险理赔已经由合同明确和保障，相互保险公司中会员的控制权更不重
要。在剩余收益权方面，相互保险公司经营者的决策权受到的限制更
多。在治理结构上，刘素春认为相互保险公司与股份制公司的治理结构
基本类似，并且指出证券市场的发展对相互保险公司向股份制公司转化
有重要的影响。闫海和栾鸾（2011）在《我国相互保险公司的商事组织
立法研究》一文中对相互保险公司内部治理及会员权利义务的立法进行
了研究。袁冰（2013）在《相互保险公司法律问题研究》一文中对相互
保险公司治理结构的构建提出了建议。刘燕和李敏（2015）在《中国引
入相互保险公司面临的挑战》一文中指出相互保险组织内部人控制问题
是一个较为普遍的问题，国外有宗教、文化背景及法律等方面的约束扮
演关键角色，但我国在这些方面较为缺乏，因此我国引入相互保险公司
将会面临更严重的内部人控制问题。方国春（2015）在《相互制保险公
司治理的逻辑与价值》一文中分析了相互制保险公司治理的逻辑与价
值，指出相互制保险公司治理模式是将所有权人和客户合二为一，成为
公司的治理主体，形成了化解利益冲突、降低道德风险、解决逆向选
择、处理不完全合同的独特机制，并提出一个有效率的保险市场应当是
相互制与股份制共存的均衡市场。方国春（2016）在《美国相互制保险
公司治理的法律规制与启示——基于公司成员权利配置视角》中对与美
国相互制保险公司治理相关的法律法规进行了介绍，对相互制保险公司
有别于股份制保险公司治理的运行规则和内在逻辑进行了分析，剖析了
中国保监会《相互保险组织监管试行办法》的缺陷，分析了相互保险公
司存在的利益冲突，提出了权利配置的建议。苏亚丽（2017）在《论相
互保险公司的法律规制》一文中对相互保险公司和股份制保险公司的治
理结构、成员地位进行了比较分析，借鉴国外相互保险公司的立法，提
出了健全和完善法律规制的建议。梁涛（2017）在其著作《相互保险组
织运作及风险管理研究》中对美、德、英、日四国相互保险组织的治理
结构及权利配置进行了介绍。王宜可（2018）在《相互保险组织经理人
支出偏好及监督》一文中指出相互保险组织经理人的支出偏好会增加机
会成本，适当提高独立董事的比重有利于制衡经理人的决策和支出，由
于立法过程漫长，在当前相互保险组织法律还不健全的发展初期，应综
合运用媒体等多种形式的"软监督"。牛雪舫（2018）在《论我国相互

保险组织内部治理改革》一文中对当前相互保险组织内部治理中决策非民主化、缺乏有效的员工激励机制、信息披露不完善等问题进行了分析，提出了相应的改进建议。

通过 CNKI 文献检索，可以发现国内对相互保险组织治理的研究文献非常少，几乎没有较为深入的专门针对相互保险组织治理的系统性研究文献，仅在从法律或保险等角度进行的相关研究中涉及组织治理，而且基本以介绍国外相互保险组织治理情况为主，仅有的个别分析研究也是浅尝辄止，这说明我国相互保险组织治理研究亟待开展。

第四节　结构安排与研究方法

一、结构安排

第一章，导论。主要阐释了选题背景与意义，国内外研究文献综述，研究内容、研究方法及创新点。

第二章，相互保险组织的界定及存在原因探析。本章首先分析了相互保险组织的含义，对我国当前存在的分别在民政部门登记和工商行政部门登记的两类以相互保险形式运作的组织进行辨析，确定本书的研究对象。然后对合作保险组织、劳合社、交互保险社、股份制保险公司以及非营利组织间的区别及特征进行分析。接下来分析相互保险组织"俱乐部"的经济性质和帕累托改进的资源配置功能。最后分析相互保险组织存在的原因，指出相互保险组织的存在说明其在交易成本的节约上有自身优势。我国相互保险组织的产生和发展是因为政府失灵、合同失灵以及国家的需要。国家的宏观政策制度和相互保险组织的治理是影响我国相互保险组织产生和发展的重要因素。

第三章，相互保险组织治理的本质特征及分析框架。本章首先分析相互保险组织治理的本质特征，包括人性假设、产权关系、委托—代理关系、利益相关者的协同治理，以及相互保险组织治理的目标取向和章程的重要作用，然后展示本书对我国相互保险组织治理的分析框架。

第四章，相互保险组织的内部治理结构。本章首先通过对内部治理结构有效性的影响因素分析以及国际相互保险组织内部治理结构的考察来分析我国相互保险组织内部治理结构的一般框架，其次对我国相互保险组织的内部治理结构进行实证分析，最后从内部治理结构的构成、董事会和监事会成员的产生及行为依据、董事会和监事会的构成角度探讨内部治理结构的构建。

第五章，相互保险组织的决策机制。本章首先从提高决策机制的有效性出发，考察股份制保险公司的决策机制，从决策权配置和决策规则角度分析相互保险组织决策机制的一般模式，其次以我国现有相互保险组织的决策机制为对象进行实证分析，最后从董事会决策模式、决策原则和职责设计的角度探讨决策机制的具体构建。

第六章，相互保险组织的激励约束机制。本章首先分析激励约束机制的内涵及影响因素，以及相互保险组织的特殊性对激励约束机制的影响，并建立委托—代理模型对激励约束机制进行分析，以此来建立相互保险组织激励约束机制的基本框架。其次对我国相互保险组织激励约束机制进行实证分析，在此基础上探讨相互保险组织激励约束机制的构成和构建原则，然后分别分析保东代表、董事会、监事会以及管理者激励约束机制的实施策略。

第七章，相互保险组织的信息披露机制。本章首先分析了相互保险组织信息披露的目标以及信息披露的参与者之间信息行为的博弈，并考察有类似信息披露目标的公众上市公司所实施的信息披露机制，在此基础上建立相互保险组织信息披露机制的基本框架。其次对我国相互保险组织的信息披露机制进行实证分析，探讨我国相互保险组织信息披露机制的构建原则以及强制性信息披露、自愿性信息披露、第三方机构介入信息披露的具体实施。

第八章，相互保险组织的监督机制。本章首先分析了相互保险组织监督的理论依据，并与股份制保险公司进行对比。其次通过对美国相互保险组织监督机制的考察，搭建我国相互保险组织监督机制的基本框架：组织自律为基础，政府监督为核心，社会监督为补充，自律与他律有机联动、互相制约。最后对我国相互保险组织监督机制进行实证分析。在前述分析基础上，探讨相互保险组织监督机制的构建原则，并分别对组织自律、政府监管、社会监督的具体实施进行分析。

本书最后一部分是结论，对全书进行梳理、总结。

二、研究方法

本书主要采用规范分析与实证分析相结合、调查研究、比较研究等研究方法，综合运用经济学和心理学等多学科理论，通过考察股份制保险公司或国外相互保险组织的治理情况，对比分析相互保险组织自身的特点，在借鉴的基础上提出相互保险组织的治理结构和治理机制。

第二章 相互保险组织的界定及存在原因探析

由于相互保险组织的具体形式种类繁多，本章对作为本书研究对象的相互保险组织进行界定，并分析其经济学特征和功能，以及其存在的原因，为后文关于相互保险组织治理的研究提供基础。

第一节 相互保险组织的含义与形态特征

一、相互保险组织的含义

相互保险组织的起源最早可追溯到 4500 年前古埃及石匠之间应对意外死亡的互助。公元前 2500 年前后，古巴比伦国王以强制命令的方式要求市民缴纳专项税款，用于发生天灾时对民众的救济，这是一种国家行政命令形式的相互保险形式。到中世纪，行会组织成为互助组织的主要形式，对本行业的成员提供救济，也有跨行业的兄弟会。17 世纪，英国出现了友谊社，友谊社继承了中世纪行会互助的理念，对生病或生活困难的社员给予救助，成为分摊风险的松散联盟。1666 年的伦敦大火造成 20 万人无家可归，直接推动了相互类保险组织的诞生。

17 世纪精算技术在保险业得到广泛运用，互助团体向现代相互保险组织转型。现代相互保险组织相继出现，1752 年美国成立费城贡献组织社，1762 年英国成立公平人寿保险公司，1761 年丹麦成立 KAB，1781 年成立特立尼达慈善协会等。到 2014 年，全球有差不多 5000 家从事相互保险业务的组织，有 9 家相互保险公司的资产规模位列全球保险公司前 50 强，在全球第五大保险市场的荷兰保险市场中，相互保险保费收入市场占有率达 51％。

由于受到各国政治、经济及文化传统间差异的影响，相互保险组织的名称和立法模式出现了多样化。英国的相互保险组织有相互保险公司、友谊社、互助社。德国的相互保险组织不称为相互保险公司，都称为互助社。日本在相互保险公司之外还有农业协会、渔业协会等合作组织为成员提供保险服务。美国也有相互保险公司、交互保险社、合作保险公司等多种与相互保险相关的组织形态。

2015年，中国保险监督管理委员会（简称中国保监会）颁布的《相互保险组织监管试行办法》第二条指出："本办法所称相互保险是指，具有同质风险保障需求的单位或个人，通过订立合同成为会员，并缴纳保费形成互助基金，由该基金对合同约定的事故发生所造成的损失承担赔偿责任，或者当被保险人死亡、伤残、疾病或者达到合同约定的年龄、期限等条件时承担给付保险金责任的保险活动。本办法所称相互保险组织是指，在平等自愿、民主管理的基础上，由全体会员持有并以互助合作方式为会员提供保险服务的组织，包括一般相互保险组织，专业性、区域性相互保险组织等组织形式。""相互"是一种以成员共有共享来构建实体的组织原则。从理论上讲，这种组织原则在任何行业都可以应用。作为一种风险管理技术，保险的实质是将单位或个人的风险转移给所有投保人共同承担。因此，按照相互原则组织起来的实体在保险业中得到较大程度的推广，成为保险企业的重要组织形式。

我国目前正处于相互保险组织的试点推广阶段，其目的是改变以资本出资为主的股份制保险公司的单一垄断格局，增加市场保险主体，为社会大众提供更为良好的保险服务。因此，我国引入的是国外比较成熟、主流的相互保险组织形态，如英、美的相互保险公司及德国的保险互助社等。本书研究的对象也限定于专门的相互保险公司与互助社，不包括兼营保险业务的合作社、自保公司等。

由于保险业特殊的业务属性，在组织形式上呈现出多样化，各类组织形式间既有区别又有相似之处，甚至有的比较容易混淆。为便于本书的研究，有必要对其进行对比分析，加以界定，以加深读者对本书研究对象的认识。

二、我国当前存在的两类相互保险形式组织辨析

（一）在民政部门登记的从事相互保险业务的社团组织

我国当前存在的相互保险组织最早是 1984 年成立的中国船东互保协会，其是经国务院批准，在民政部登记注册的互助非营利组织，协会接受交通运输部的业务指导。经原劳动部批准，全国总工会于 1993 年在民政部登记注册成立了中国职工互助协会。中国职工互助会的成员包括各级工会组织和职工，实行成员自愿参加、自筹资金、自我管理、自我服务、自我保障的组织原则。1994 年中国渔业互保协会（原中国渔船船东互保协会）在民政部登记注册，该协会是农业部主管的非营利性社会团体，按照自愿、互助的原则运营。1996 年宁波渔业互保协会在民政局登记注册并经保险监督管理机构备案，该协会是从事渔业互助保险业务的非营利性社会团体法人，接受宁波市海洋与渔业局、民政局和保险监督管理机构的指导、管理和监督。2004 年，在中国渔业互保协会浙江办事处的基础上，成立了浙江省渔业互保协会，由浙江省海洋与渔业局主管，在民政厅登记注册。该协会按照"政策推动、行业自保、以丰补歉、互助共济"以及"低保障、广覆盖、多受益"的原则经营。2009 年河北省渔业互保协会成立，由河北省农业厅主管，在民政厅登记注册。2011 年在福建省民政厅登记成立了福建省渔业互保协会，由福建省海洋与渔业厅主管。2014 年重庆船东互保协会在重庆市民政局登记，接受重庆市交通委员会的业务指导，按照"政府支持、社团化运转、企业化管理"的原则，为船东提供专业化的互助保险业务。

从以上几家从事相互保险的社团组织看，它们都有以下几个特点：

一是都在民政部门登记注册，且分别由保险业务领域的行业主管部门主管业务或进行指导，不受保险监督管理机构主管。仅有宁波渔业互保协会需要向保险监督管理机构备案。2003 年湖北高级人民法院曾就船东互保协会的相关事项函询中国保监会，但中国保监会对湖北省高级人民法院复函称："船东互保协会从事的活动不属于《中华人民共和国保险法》第二条规定的商业保险行为，因此，不属于中国保险监督管理

委员会的监管范围。"①

二是政府的政策性干预明显。如福建省渔业互保协会享受政府财政补贴的渔业保险，重庆船东互保协会也是"政府支持、社团化运转、企业化管理"②。另外，在人事管理上，政府干预也较多，如据各协会网站：宁波渔业互保协会监事会主席陈勃现任宁波市海洋与渔业局计财处处长；浙江省渔业互保协会董事长由浙江省海洋与渔业局党组成员、副局长童加朝兼任，监事会主席孙国荣同时也是浙江省海洋与渔业局机关党委专职副书记、机关纪委书记兼省海洋与渔业执法总队政委，秘书长刘苏良是浙江省海洋与渔业局人事处调研员。

三是采用简单的合作形式风险共担。会计核算上执行民间非营利组织会计核算制度，没有深入采用保险的精算技术，甚至没有专业的精算师。协会收入来自会员会费和政府补贴，如职工保险互助会是个人、单位和国家三方筹资。实行统收统支，当收不抵支时，需要会员补交费用，如中国船东互保协会《关于保赔险 2016 保险年度决算及追加会费的通函》要求会员追加预算内 20% 的会费，并于 2018 年 2 月之前缴纳至协会指定账户。③

四是管理粗放。没有保险监督机构所要求的一系列规范管理体系，没有完善的治理结构。部门设置简单，信息披露不全面。

总体来看，以上在民政部门登记注册的相互保险组织还处于初级的互助保险形式阶段，组织原则或是与欧洲中世纪的行会组织、兄弟会较为类似，或是具体经营受行政干预严重，并不是现代意义上的相互保险组织，本书不将其纳入研究范畴。

(二) 在工商行政部门登记的相互保险组织

2005 年，在中国保监会的推动下，第一家现代意义上的相互保险组织阳光农业相互保险公司（简称阳光农业）试点成立，其在工商部门登记注册，接受中国保监会监督管理。2011 年宁波慈溪市龙山镇伏龙

---

① 中国保险监督管理委员会. 关于船东互保协会问题的复函 [EB/OL]. 2003－05，中国保监会网站.

② 《重庆船东互保协会章程》第三条。

③ 中国船东互保协会. 关于保赔险 2016 保险年度决算及追加会费的通函 [EB/OL]. 2017－11，中国船东互保协会官方网站.

农村保险互助社成立，2013 年 7 月慈溪市龙山农村保险互助联社成立。
2015 年温州市成立了瑞安兴民农村保险互助社，2017 年又陆续成立众
惠财产相互保险社（简称众惠财产）、信美人寿相互保险社（简称信美
人寿）和汇友建工财产相互保险社（简称汇友建工）。与前一类从事相
互保险的社团组织相比，这些相互保险组织是按照现代企业制度设立
的，具有产权明晰、责权明确、政企分开、管理科学的特点，具体内容
如下：

一是在工商行政部门注册登记，接受保险监管机构监督管理，不受
行业领域的行业管理。

二是在一般情况下，相互保险组织按照市场原则和保险原则自主经
营，不受交通部门、农业部门等政府专业行业主管部门的行政干预。

三是深入采用精算技术。通过精算技术科学设计保险产品，按照企
业会计准则进行会计核算。保东只以按照保险合同所缴保费为限承担责
任，无须每年补交保费。

四是管理更为科学、规范。有相对更为完善的治理结构、管理体
系，在中国保监会的审慎监管下开展保险业务。

总体来看，这一类相互保险组织是按照现代企业制度建立的，体现
了产权明晰、责权明确、政企分开、管理科学的要求，是国务院"国十
条"所支持发展的保险组织形式，也是本书的主要研究对象。

三、区别于保险合作社的特征

合作社起源于 19 世纪，合作社成员共同拥有生产资料，共同享有
平等的劳动、分配、消费权利。1995 年国际合作社联盟代表大会对国
际合作社的定义、价值和原则进行了界定，2002 年第 90 届国际劳工大
会也认可国际合作社联盟的界定，并提出了 7 条关于合作社的原则：
"①自愿与开放的社员资格，②民主的社员控制，③社员经济参与，
④自治与独立，⑤教育、培训和信息，⑥合作社之间的合作，⑦关心
社区。"[①]

保险合作社是合作社原则在保险领域的实践，从合作社的定义及办

---

① 胡振华. 中国农村合作组织分析：回顾与创新［D］. 北京：北京林业大学，2009：12，13.

社基本原则来看，相互保险组织和保险合作社在运作理念上极为相似，都强调成员的自愿联合、民主管理、互相帮助。相互保险组织在价值取向上也与合作社基本相同，即关注组织的成员和社会。

相互保险组织与合作社的主要区别在于，合作社通常有股本，成员需要认缴股份代替出资，取得股东身份，并根据会员身份分担风险、获得收益、参与管理。相互保险组织却没有股本，也没有股东，只是根据保险条款缴纳相应的保费。由于相互保险组织与合作社区别较小，甚至有观点认为相互保险组织中会员缴纳的保费发挥了与股本类似的功能，因此，部分国家对两者并未作明确的区分，如英国的工业和住房互助社被归类为合作社，美国也有学者将相互保险公司解读为合作社。但大部分国家对相互保险组织与合作社进行了区分，认为二者是各自独立的企业组织形态，适用于不同的法律。德国明确了保险领域不能采用合作社的形式，将相互保险组织界定为社团法人，称为互助社，并在《保险法典》中单独确认。

四、区别于劳合社、交互保险社的特征

相互保险组织是一个组织实体，劳合社并非一个组织实体。劳合社存在于英国，它与证券交易所类似，是一个相对封闭的保险市场，保险交易在社员之间进行。劳合社的投保人只能是社员，承保人并非劳合社，而是社员个体。作为承保人的社员个体以个人名义承担无限的保单责任。早期劳合社的成员只有个人，为重振劳合社，20 世纪 90 年代进行改革，开始引入单位社员。

交互保险社是美国创立的，由社员之间进行保险交换，并将限额内的保险责任分摊给其他社员。交互保险社的承保人是社员个人，并非组织，这一点与劳合社类似。从责任分摊上看，交互保险社类似于相互保险组织，责任由全体社员承担。

劳合社和交互保险社都是以委托方式委托代理人经营，并按保费的一定比例支付报酬。相互保险组织则是按现代企业制度的模式由经营者进行经营管理。

五、区别于股份制保险公司的特征

股份制保险公司是由股东投入资本成立的公司制保险企业。相互保险组织和股份制保险公司是保险业最为典型的两类组织形式。两者的主要特点是：

第一，运作理念不同。股份制保险公司以"资本"为中心，以股东资本保值增值为目的。相互保险组织以"人"为中心，坚持"保险姓保"，以成员"共有、共治、共享"为理念，以"互助"为运作原则。

第二，股份制保险公司有股东投入资本，并以所投入资本为限承担有限责任，股东持有的股权可以转让，但除公司清算解散的情况外，投入的资本不能赎回。相互保险组织没有股东投入资本。

第三，股份制公司以追求利润为主，股东以其投入资本为依据分配利润。相互保险组织不以追求利润为最终目的，但也有盈利需求，通过盈利增加盈余，提高偿付能力，也可以分配利润，保东有分配利润的权利。

第四，相互保险组织在成立时或偿付能力不足时，由保证性资金提供者提供资金，包括初始运营资金和后续资金。提供的方式可以是无偿捐赠、发起人借款或发行可担保债券。借款和债券需要还本付息，其中利息可在一定限度内与组织利润挂钩。本息的偿付必须在偿付能力充足的前提下才能实施，具有不确定性。本息清偿顺序在保单责任和一般负债之后，保东保单权利之外的其他权利之前。股份制保险公司没有保证性资金，虽然按照相关规定发行的资本补充债券的清偿顺序同样是在保单责任和一般负债之后，处于次级地位，但其本息偿付有固定的期限，不是必须以偿付能力充足为前提。

第五，相互保险组织的保东也是投保人，享有参与组织治理、管理的权利。股份制保险公司的投保人没有参与公司治理管理的权利，股东才有参与公司治理管理的权利。

第六，相互保险组织的保东以其缴纳的保费资金为限承担有限责任，可以通过退保的方式收回资金，但一般情况是不能转让的。早期的相互保险组织，如欧美的相互保险组织在章程中也规定保东有补交保费的义务，但在实际运作中几乎没有实施。①

第七，相互保险组织中保东行使权力一般采用"一个身份一票"的
原则，股份制保险公司中股东行使权力采用"一股一票"的原则。

六、区别于非营利组织的特征

相互保险组织与非营利组织之间的关系较为复杂，各国有不同的观
点。日本将相互保险公司界定为非营利法人。英国也将相互保险组织定
位为不以营利为目的的组织。美国却将相互保险组织视为营利组织。德
国则是以组织规模的大小来区分，认为规模大的相互保险组织是营利组
织，等同于商人；规模小的保险互助社既非国有也非私有，是体现公民
自治的非营利组织。我国学者江生忠在《保险企业组织形式研究》中称
相互保险公司为营利组织，非公司制的相互保险组织为非营利组织。

非营利组织的提法源自詹姆斯·P.盖拉特对社会部门的划分，即
政府、企业和非营利组织。非营利组织的外延非常广泛，有基金会、慈
善会、医院、学校、协会、俱乐部、博物馆、科研机构等，关于其特征
有各种不同的说法，迄今为止尚未形成公认的概念。从不同的角度出
发，非营利组织有不同的定义，美国法律规定凡是能够享受免税资格的
组织就是非营利组织；联合国将非营利组织定义为大部分收入来自成员
缴纳的会费或支持者捐赠的组织；根据组织的结构与运作，美国学者萨
拉蒙（Salamon）认为非营利组织是有志愿性和公共性不进行利润分配
的公共组织；根据组织的使命，我国台湾地区学者曾华源认为非营利组
织是凝聚社会力量、增加社会福利、促进社会和谐的社会机构。

关于非营利组织的特征也有不同的认识，最具代表性的是 Salamon
和 Anheier（1997）提出的六项特征：第一，正式组织，有法人资格。
第二，民间组织，不属于政府的某个部门，不纳入财政预算或不以财政
预算为主，资金主要来自社会捐赠、会员会费及专业性服务收入，政府
官员不能担任其关键管理人员。第三，不能分配利润，组织可以创造利
润，但利润必须用于组织宗旨，组织内部的工作人员无权分配利润，也

---

① 德国的《保险企业监督法》要求相互保险组织在章程中必须明确是否、在什么条件下、多少
数额和用什么程序收取补交费或减少保险赔偿。但在实践中，减少保险赔偿的情况很罕见，补交费最
近几十年也未发生过，会员顶多用所缴纳保费和未理赔的保险事故赔偿要求权为限承担责任。

不向其会员分配利润。第四，自我治理，组织自身有完整的内部管理体系，除国家的法律法规外，不受其他团体控制。第五，志愿性，有一定数量的志愿人员参与组织运作。第六，公共利益属性，以服务社会公众为宗旨，提供的服务是实现公共利益。

相互保险组织作为在政府部门注册登记的组织，有独立的法人资格，属于正式组织，资金主要来源于保东缴纳的保费，既不是政府投资的国有保险机构，也不是以财政预算为主的预算单位，属于民间组织。作为一个正式组织，相互保险组织也有一套完整的管理体系，实行自我民主管理。相互保险组织的目标是满足保东保险需求，当保东发生保险事故损失时，能获得相应的救助，而且对参保也没有限制，更多地面向社会公众，向需要救济的社会公众提供救济，实现社会福利的提升。因此，相互保险组织与非营利组织有极为类似的方面，其符合非营利组织第一、二、四、五、六项特征，但在第三项关于利润分配方面与非营利组织的要求存在差异。相互保险组织在利润的创造和分配方面具有既不同于营利组织也不同于非营利组织的特点。首先，在利润创造方面，相互保险组织与非营利组织都可以创造利润，但不以利润最大化为主要目标，而营利组织的任务就是追求利润最大化，实现股东利益最大化。其次，在利润分配方面，相互保险组织又与营利组织类似，在一定条件下，可向缴纳保费资金的保东分配红利，类似于营利组织向股东分红。这与非营利组织不能分配利润的要求相悖。汉斯曼（1980）就指出非营利组织是不能向组织成员、管理者等控制人分配任何利润的。[①]

从以上分析可以看出，相互保险组织是一种介于营利组织和非营利组织之间的独特的组织形式，也是保险业所特有的一种组织形式。因此，许多国家都针对相互保险组织制定了专门的法律或制度加以规范。如德国1901年出台的《保险企业监督法》"相互保险公司"一章中，就详细规定了相互保险组织的法律地位、设立条件、治理结构、非相互化以及解散清算等方面的基本原则。美国各州也采取判例法与成文法兼用的方式专门对相互保险组织进行规范，纽约州早在1849年就制定了

---

① Hansman. N H B. The role of nonprofit enterprise［J］. Yale law journal，1980（89）：835 —901.

《纽约州保险法》和《纽约州保险行业法规》，对相互保险公司作了较为全面的规定。

第二节　相互保险组织的经济性质及资源配置功能

一、经济性质

根据物品的排他性和竞争性，萨缪尔森将物品分为公共物品和私人物品，私人物品具有排他性和竞争性，公共物品则具有非排他性和非竞争性。物品再深入细分又可分为纯公共物品、准公共物品和纯私人物品。"斯蒂格利茨认为纯公共物品是把它提供给新增加一个人的边际成本严格为零，而且又不可能阻止他人得到它的物品。"[①] 纯私人物品指具有严格排他性和竞争性的可分割性物品。准公共物品则是具有有限排他性或有限竞争性的物品，介于纯公共物品和纯私人物品之间。现实经济生活中存在很多准公共物品。公共选择理论创始人布坎南（1964）将造成拥挤现象的物品和服务定义为"俱乐部物品"，俱乐部物品就是准公共物品。俱乐部物品有两个特性：一是排他性，仅限于俱乐部全体会员共同消费，会员必须取得会员资格，遵守俱乐部规则，这一点更接近于私人物品特点；二是有限度的非竞争性，"在一定范围内，单个俱乐部会员消费不会影响或减少其他会员的消费，但消费规模一旦超过一个限度，非竞争性就会消失，出现拥挤"[②]。布坎南分析了俱乐部的最优规模及其决定因素，俱乐部会员的增加导致边际成本递增而边际收益递减，两者相等时的会员数量就是最优规模。公共选择学派通过对俱乐部会员与准公共物品的考察得出三个结论：会员偏好与公共物品的有效配置相关，偏好越趋同，俱乐部就越能实现准公共物品的有效配置；如果规模经济持续永久，平均成本无限下降时，最优人数就是全部人口；俱乐部规模的稳定性与最优规模的大小相关，最优规模越小，俱乐部就越

---

① 斯蒂格利茨. 经济学 [M]. 姚开建，译. 北京：中国人民大学出版社，1997：148.

② 刘汉林. 西方理论经济学 [M]. 成都：成都时代出版社，2003：853.

稳定。

显然，相互保险组织可视为一个提供准公共物品的俱乐部。保东缴纳保费取得资格才能享受保险理赔服务，其保险理赔服务具有了排他性。红利并不是保东的主要目的，在组织偿付能力充足的情况下，一个保东获得保险理赔服务并不会降低其他保东获得的保险理赔服务，但当保险理赔发生过多，导致组织偿付能力不足时，保东能获得的保险理赔服务就会受到影响，产生拥挤现象，这说明相互保险组织又具有了一定范围内的非竞争性。相互保险组织由具有同质风险需求的个体组成，保东的偏好契合度高，更能实现保险产品的有效供给。按照保险大数法则，相互保险组织必须有大数量的保东才能实现风险的分摊，达到组织的最优规模。相互保险组织保东规模的变化必须保持偿付能力充足，一旦偿付能力不足，保东就会产生拥挤感，因此，需要通过产品的精算设计，设置进入门槛，利用排他性以避免拥挤。在按照大数法则进行科学精算的前提下，相互保险组织保东数量可以无限扩大，直至社会的全部单位或个人。

二、资源配置功能

任何资源配置都会影响利益格局，"关于利益调整的理论主要有帕累托最优、帕累托改进和卡尔多－希克斯改进三种标准"[①]。帕累托最优法则是市场资源配置的效率标准，即达到不减少一方福利就不可能增加另一方的福利。对于股份制财产保险公司，达到帕累托最优后，股东和雇员要通过公司增加利润获得更多的收益，必然造成被保险人利益的减少。卡尔多－希克斯改进法则指一方福利的增加在补偿另一方福利的损失后还有剩余，使社会整体福利得到改进。这种改进法则虽然能提高社会整体福利，但是会涉及另一方福利的损失，必然会遇到阻力，想要顺利推行这种改进，就需要政府运用垄断权力对损失方采取收买或补偿的措施。帕累托改进法则指一方的福利不会因另一方的增加而减少，不仅总福利不减，各方福利都不减。相互保险组织的运作不同于市场配置

---

① 窦尔翔，等. 中国经济改革的"政府—市场"格局优化路径 [J]. 改革与战略，2006（7）：2.

资源的帕累托最优法则，也不同于强调公平的政府配置资源的卡尔多－希克斯改进法则，而是遵从帕累托改进法则，促进社会整体福利的增加。保东出险后，其因能够从公司获得赔款而利益增加，但此时并没有减少其他保东的利益。保东缴纳保费后，并不寄希望于像普通股东那样获得股利收益，更不希望能取得赔款，因为取得赔款的前提是发生保险事故，对于因损失而取得赔款的保东而言，按照损失补偿原则，并不会获得更多利益，同时，保东仍然拥有出险后获得赔款补偿的权利。

第三节　相互保险组织存在原因的分析

一、保险业组织形式变迁的原因

交易成本经济学认为，交易是经济活动的基本分析单位，交易成本的大小受到资产专用性、交易频率和交易环境不确定性程度的影响。不同的交易方式产生不同的交易成本，如一体化还是非一体化、U 型结构还是 M 型结构，其交易成本均不相同。组织也是一种交易方式，"'组织的多样性'是一个可检验的假定，造成这种多样性的主要原因是为了节省交易成本"[①]。保险制度选择集的改变、保险技术的变化、保险要素和产品相对价格的变化以及社会价值标准等都是影响交易成本的因素，从不同角度对交易成本产生影响，进而影响保险制度的变迁，见表 2—1。

---

① 威廉姆森. 资本主义经济制度［M］. 段毅才，等译. 北京：商务印书馆，2004：539.

表 2-1　交易成本对保险制度变迁的影响

范围	种类	如何影响保险企业组织
增加外在于现存制度的利润	保险市场规模变化	保险组织制度安排的成本没有改变，但是保险企业的收益变了，内部力量要求组织调整
	保险技术变迁产生规模效益	技术的广泛外部效果使保险企业组织应用更复杂的组织形式变得有利可图
	保险企业各参与者预期收入变化	预期收入改变导致对保险企业要求细节的变化，各方力量的改变也促成了组织形式的变化
减少设计制度革新与操作的成本	设立不同保险企业的组织费用不同	只有在组织费用代替调整成本后新保险企业组织形式才有利可图
	技术革新降低新保险组织的操作成本	精算技术的发展使保险定价和业务评估更加准确，网络、计算机的发展使保险企业整合业务、统计、汇总变得容易，这样就可以不局限在相互制一种组织上
	保险知识与统计资料的增长	对需要保险的风险评估方法的发展，如寿险中统计数据收集方法的改进，为制定死亡率表提供基础
外在环境性变化	保险组织不被社会价值标准支持，当其改变后才获得发展	股份制保险企业出现得很早，但被相互制压制了很久（如美国 1850 年就有股份制保险企业，但半个世纪后才开始发展）

资料来源：据柯武钢、史漫飞《制度经济学》相关内容整理。

20 世纪初，媒体与政府对保险公司展开了一系列的调查活动，揭露了保险公司对消费者的欺诈以及保险公司管理层的舞弊行为，其中纽约州阿姆斯特朗委员会的调查颇为引人注目，这激起了人们对股份制保险公司的不信任，增加了股份制保险公司的交易成本，因此出现了"相互化"的热潮。20 世纪 90 年代，信息技术发展、全球化竞争对保险业提出新要求，股份制保险公司在筹集资金、提高治理有效性、降低交易成本方面有更强的优势，因此又出现了"非相互化"的热潮。进入 21世纪后，由于可保风险范围进一步拓展，一些新领域的不确定性较大，股份制保险公司裹足不前，相互保险组织迎来发展的机会。总之，保险业组织形式的变化是因为交易环境、对象的变化引起交易成本的变化，然后作出的最小化交易成本的选择。

二、我国相互保险组织产生与发展的原因及影响因素

(一) 产生和发展的原因

1. 政府失灵

保险就是通过风险转移分散的手段来实现对保险事故损失者的救济。除通过市场的方式解决保险问题外，政府也可以办理保险，如政府办理的养老保险、工伤保险等。但是政府办理保险存在弊端，会出现失灵的情况。一方面，政府部门的自利导致寻租、低效。公共选择理论认为，政府部门也是有限理性经济人，与市场的私人部门一样，其行为准则是自身利益最大化。在经办保险的过程中会争取部门预算最大或个人连任升迁，甚至出现寻租、腐败。另一方面，决策程序复杂导致低效率。为了避免出现寻租、腐败行为，政府往往会设定多部门、多人介入的复杂程序，形成集体决策。政府的科层制又易形成封闭、保守、僵化，无法适应民众对保险的多样化需求。因此，除了养老保险等基本保险之外，其他保险都交由市场来解决。比如机动车交通事故责任强制保险就交给财产保险公司办理。

2. 合同失灵

不确定性和信息不对称会导致市场失灵、信息不完全和风险转移等重要问题（阿罗，1972）。[①] 乔治·阿克洛夫（1970）在《柠檬市场》中指出市场上买方和卖方掌握的信息通常情况下总是存在差异，卖方比买方拥有更多的信息。[②] 由于买方没有充分的信息和专业知识对所购买的物品或劳务的数量或质量进行判断，因此，以追求利润为主要目的的卖方企业存在售价过高或提供低劣物品或劳务的动机，买方和卖方签订的合同实际上出现失灵。但是，如果卖方是非纯粹的利润追求者，不会充分利用所掌握的市场力量来谋取利润，则有助于克服信息不对称引发的机会主义问题。Hansmann（1985）指出，在保险公司同投保人之间

---

① 肯尼斯·阿罗. 信息经济学 [M]. 何宝玉，等译. 北京：北京经济学院出版社，1989.

② George A. Akerlof. The market for "Lemons"：Quality Uncertainty and the market mechanism [J]. The quarterly journal of economics. 1970，84（3）：488—500.

触发大量代理问题时，相互保险公司比股份制保险公司更占据优势。[①]
对于股份制保险公司，由于股东和雇员均有很强的利润冲动，与被保险人站在了对立面，两者的利益出现此消彼长的态势，被保险人总是会担心服务制保险公司侵占其利益而不愿购买保险。这也是当前保险业在公众中形象较差的原因之一，部分公众总是将保险和欺骗联系在一起。相互保险组织则相反，股东与被保险人合为一体，组织没有强烈的冲动去侵害被保险人利益，被保险人更乐于购入这样的保险产品。

3. 国家的需求

林毅夫指出，根据国家在制度变迁中的作用形式，可将制度变迁分为两类：一类是诱致性制度变迁，另一类是强制性制度变迁。国际保险业组织形式的变迁更多的是诱致性制度变迁，我国改革开放才几十年，保险业的发展时间更短，保险企业组织形式的变迁主要是强制性制度变迁。无论诱致性制度变迁还是强制性制度变迁，国家在制度变迁中都发挥着重要的作用。"国家干预企业组织形式变迁，最终目的仍在于满足国家发展的需要，并在其中尽可能地展现国家经济、政治职能，在客观上渐次促进企业的发展壮大与形式分化。国家干预的正当性，更多地来源于国家需求与商人需求的契合。"[②] 按照国家经济政治的需要，政府可能会对保险业组织形式变迁进行直接干预，如 20 世纪 30 年代，美国在商业保险不愿涉足的进出口信贷、农作物等领域成立专门保险公司。第二次世界大战后日本保险法规定保险企业组织形式只能有股份制保险公司和相互保险公司两种。在诱致性制度变迁方面，政府也会起到引领作用。如 20 世纪 70 年代，法国政府帮助各村落成立了互保协会以应付灾害。我国公司法规定的保险企业组织形式只有有限责任公司和股份有限保险公司，2006 年国务院颁布的《国务院关于保险业改革发展的若干意见》从政策上提出了试点相互保险组织的形式。

我国鼓励试点推广相互保险组织主要基于相互保险组织能在一定程度上满足国家政治经济的需要。一是有利于增加保险市场主体的多样

---

① Hansmann H. The organization of insurance companies: mutual versus stock [J]. Journal of Law Economics & Organization, 1985, 1 (1): 125–153.

② 周游. 企业组织形式变迁的逻辑 [J]. 政法论坛, 2014 (1): 77.

性，增强竞争活力，形成压力和动力。二是增加保险市场供给。2017年，我国原保费收入 3.66 万亿元，保险深度为 4.42%，保险密度是2646 元。而 2016 年英国的保险深度是 9%，保险密度是 4359 美元。我国与发达国家相比差距较大，而且在农、林、牧、副、渔等领域股份制保险公司缺乏介入动力，相互保险组织能在这些领域发挥作用，丰富完善保险产品市场体系。三是有利于改变公众对保险业的认识，提升保险意识。由于股份制保险公司的逐利性，部分股份制保险公司在行业与理赔服务上给社会公众留下了极为不好的印象，形成了"保险就是骗人的"形象。相互保险组织通过宣扬"人人为我，我为人人"的互助共济精神，能更好地宣传保险的保障功能，有利于提升行业形象。

（二）产生与发展的影响因素

1. 国家政策的支持

我国的经济制度变迁主要是国家主导的强制性制度变迁。保险企业组织形式的发展也极大地受到国家的宏观主导。对于提供准公共产品的相互保险组织，国家的干预显得尤为重要。2004 年，在中国保监会的推动下，阳光农业相互保险公司得以筹建开业，但国家工商部门注册管理等方面的不配套给公司的经营带来影响。2006 年，国务院颁布《国务院关于保险业改革发展的若干意见》，提出"探索发展相互制、合作制等多种形式的农业保险组织"，在这种情况下，相互保险组织才进入保险业界的正式研究探讨阶段。2011 年，慈溪市龙山镇伏龙农村保险互助社成立，2013 年，慈溪市龙山农村保险互助联社成立。2014 年，国务院颁布《国务院关于加快发展现代保险服务业的若干意见》，提出"健全农业保险服务体系，鼓励开展多种形式的互助合作保险"。2015年，中央提出供给侧改革，再次促进了相互保险组织的发展，瑞安兴民农村保险互助社、众惠财产相互保险社、信美人寿相互保险社和汇友建工财产相互保险社等相互保险组织陆续成立。

2. 相互保险组织治理的健全完善

相互保险组织作为保东平等自愿、民主管理的微观经济主体，不仅需要国家的宏观政策制度支持，更需要良好的微观运行机制。Robert I. Tricker 在《公司治理》中指出管理是运营公司，治理则是确保这种运营处于正确的轨道之上。[①] 相互保险组织的治理关系涉及组织内外各相关利益主体的责权利，进而影响各主体的行为。良好的治理有利于降低代理成本，是决定相互保险组织运作和发展质量的重要条件。

---

① R. I. Tricker. Corporate Governance [M]. Gower Publishing Company Limited，1984.

第三章　相互保险组织治理的
本质特征及分析框架

第一节　相互保险组织治理的本质特征

一、自利性与社会性相结合的人性假设

人性假设是经济学研究的前提，古典经济学对人性的假设是经典的理性经济人假设，以此为前提，经济学家建立起具有精密逻辑和复杂模型的经济学理论体系，但是在现实世界的解释和理解上，这些理论体系却显得苍白无力，成为"黑板经济学"。科斯指出，"经济学家如果不能直面现实世界来思考和研究问题，那么经济学就只能呆在象牙塔里，成为经济学家自得其乐的玩物"[①]。在不断的质疑中，经济学家对人性偏好结构的认识逐步深入，从经济性偏好扩展开来，从自利偏好扩展到社会偏好，发展到以意识来统驭人性的各种偏好。

（一）理性经济人假设的局限及演化

经济学是关于人类经济行为的科学，人在经济活动中采取哪种经济行为受到人的本性支配。亚当·斯密认为人的利己心是每个人追求自身财富的本能冲动。在 1776 年出版的《国富论》中，亚当·斯密虽未提出"经济人"的概念，但实际上已确立了"经济人"的思想，把复杂人抽象地假定为自利的经济人，即体现利己本性，追求安乐和利益。亚当·斯密的思想指出了经济人具有的三个特征：第一，经济人行为的根

---

①　罗纳德·H.科斯. 论经济学和经济学家 [M]. 罗君丽，茹玉骢，译. 上海：格致出版社，上海三联书店，上海人民出版社，2010：6.

本动机是追求自身利益；第二，经济人是理性的，通过理性的行为来实现对利益的追求；第三，个人的自利会自动地增进整个社会的利益，利己的动机可以带来意外的利他效果。由于亚当·斯密在《国富论》中就个人利益与社会财富的关系进行了系统而清晰的分析，《国富论》被奉为经济学"圣经"。经济人假设使得人类行为变得更具确定性和简单化，使科学的分析成为可能，尤其使得用数学模型分析更为方便。此后的经济学家基于经济人假设构建了一个经济人理性模型来解释个体行为，并力图进行更为精确化的解释。

虽然经济人假说为经济分析带来了方便，但是，对经济人假说的非议从其诞生那一天起就没有停止过，经济人假说总是在不断地遭受质疑、修正或否定。而这种质疑首先就来自亚当·斯密自己，亚当·斯密曾在出版《国富论》之前的10多年就撰写了他的第一部著作《道德情操论》（1759），指出"无论一个人在别人看来有多么自私，但他的天性中显然总还是存在着一些本能，因为这些本能，他会关心别人的命运，会对别人的幸福感同身受，尽管他从他人的幸福中除了感到高兴外，一无所得"[①]。德国历史学派认为亚当·斯密是自相矛盾的，应该用现实中人的利益多元化和动机多元化来取代经济人的单一利益和单一动机。边际主义学派与历史学派持对立的观点，认为亚当·斯密的两部著作的观点是统一的，肯定了古典经济学的经济人假设和抽象分析方法的合理性，但在对经济人概念的强调中将经济利益转化为效用。杰文斯在《政治经济学理论》中指出经济学是"效用和自利的力学……以我们所厌恶的最小代价保证我们所希求的满足最大量，换言之，是快乐最大化，这就是经济学的课题"[②]。效用的概念是对最初的经济利益范畴的拓展，萨缪尔森将带有利他主义的互惠互利纳入个人效用函数，贝克尔吸收了马斯洛的需要层次理论，把健康、亲情、荣誉等非经济利益包含在经济人的效用函数中。

针对经济人假设的理性假定，凡勃仑和西蒙提出了批评。凡勃仑指出社会因素会对个体消费决策产生影响，如出现的"炫耀性消费"。西

---

① 亚当·斯密. 道德情操论［M］. 上海：上海三联书店，2008：7.

② 杰文斯. 政治经济学理论［M］. 郭大力，译. 北京：商务印书馆，1984.

蒙则指出个人的理性局限于所学的知识和个人与社会的关系，行为人无法达到自利的最大化，只能以满意为原则。卡尼曼和特维斯基从认知心理学和实验心理学视角进行了系统的研究，发现行为人在实际决策和判断时会出现很多认知偏见，这些偏见深受社会因素的影响，并影响行为人的理性决策。沿着对理性的质疑，以卡尼曼为代表的行为和实验经济学派通过"最后通牒博弈实验"（古斯）、"独裁者博弈实验"（福希尔）[①]等实验性研究，发现行为人不仅有西蒙所称的认知不足导致的理性有限，还有更多的与自利相悖的非"经济人"偏好，而且这些偏好深耕于行为人与生俱来的社会性中，如利他偏好、不平等厌恶偏好、互惠偏好和认同偏好。"在行为和实验经济学家看来，'行为人假说'足以替代过去新古典范式赖以生存的理性经济人假说，行为人假说从适度社会化的个体行为出发，认为个体的偏好是由理性自利偏好和社会偏好组成的一个微观结构，两种类型的偏好会有一个互动过程，可能挤入，也可能挤出。"[②]

无论从思想层面还是从实验技术层面，经济人对经济利益的自利已经站不住脚，行为人的偏好不仅源自物质利益、风险厌恶，而且深耕于其社会性的丰富多样性偏好。陈惠雄在《利他—利己一致性经济人假说的理论基础与最新拓展》中用行为人的意识代替经济利益，用意识利己[③]代替经济利益的自利，认为人类行为都是在自我意识的指导下进行的，意识利己而非物质利己才是人类行为的本质属性，行为人总是以"有利于自己"的观念意识和价值意识实现的方式来行事。人的意识包括精神意识、观念意识、价值意识等，物质利益意识只是人类意识中的

---

① 古斯等人设计了一种博弈实验，有两个参与者，一个扮演提议者，一个扮演响应者，赋予提议者一定数量的禀赋，响应者没有初始禀赋，由提议者作一个分配方案，响应者对提议者的方案可选择接受也可选择拒绝。按照理性经济人假说，只要提议者分配任何非负数量的禀赋给响应者，都会接受，而提议者则会分配最少或不分配给响应者。但实验结果却出人意料，提议者的初始禀赋分配比例均值为 0.33~0.37，响应者拒绝率均值为 0.10~0.25。福希尔等人对模型进行了更为精练的构造，提出了独裁者博弈，即独裁的提议者提出任何分配方案，响应者都必须接受。按照理性经济人假说，提议者应该不会分配给响应者任何禀赋。但实验结果确实提议者的分配比例均值在 20% 左右。

② 周业安. 人的社会性与偏好的微观结构 [J]. 学术月刊，2017（6）：73.

③ 陈惠雄在《利他—利己一致性经济人假说的理论基础与最新拓展》中对经济学人性假设进行剖析，提出了意识利己假设，指出意识利己是人类行为具有一致性的根本属性，并指出意识实现的终极目的是快乐、幸福。

一个组成部分，意识利己包括物质利益利己。无论是损人利己、助人为乐还是"只买贵的不买对的"的"炫耀性消费"，都是行为人受自身观念意识支配下产生的偏好行为，皆是服从并有利于自我观念意识实现的行为。"利己"与"自利、自私"是不同的概念，"自利、自私"概念相对于"利他"概念，对"利他"具有排斥性、对立性。"利己"概念是更具有包容性的概念，是与行为人自身意识相关联的，是对行为人意识的实现，意识是行为人的自觉性思维，包括对物质利益的自利，也包括利他偏好等。

意识与经济利益的区别在于其内容的极大宽泛，不仅有经济利益、亲情、荣誉，还有理想、信念。意识与效用的区别在于意识中已反映了主观与客观的理性不足、认知不足，不同程度的认知形成不同的意识。意识利己就是自我的实现，实现自己的意识意味着获得快乐。"快乐是人类行为的终极目的，生产、消费、结婚、经商、善举、生态保护，所有有意识的人类行为都是为了满足行为主体具有特定精神意识——偏好结构的快乐需要而产生的。"① 雷锋在付出自己的物质帮助别人时，他不是自利的，但他仍是利己的，助人为"乐"，实现了他自己的快乐。但是，意识是人脑对大脑内外表象的觉察，意识的内涵又显得较为模糊和宽泛，如将其具体化为个体自利偏好与社会偏好，则与"行为人假说"相契合。

（二）相互保险组织治理的人性假设：自利性与社会性的综合体

理性经济人假说正面临不断地否定或修正，如前述经济学理论界的分析，真实的行为人是意识利己的，是自利偏好和社会偏好的综合体。无论是股份制保险公司还是相互保险组织，行为人都既有自利偏好，也有社会偏好。但是，股份制保险公司的投保人投保以规避风险和员工获得更高的经济报酬这一目的更为突出，利他等社会偏好相对较弱。相互保险组织则不同，这不仅体现在保东风险转移的自利和员工薪资的自利、个体的社会偏好上，更体现在互助精神、对损失者的帮助上，更好地展示了行为人自利与利他偏好的结合。

---

① 陈惠雄. 利他—利己一致性经济人假说的理论基础与最新拓展［J］. 学术月刊，2012（11）：83.

在相互保险组织中，偏好之间也会存在相互的挤入或挤出，比如：保东既有获得红利的偏好，又有帮助其他保东得到损失补偿的利他偏好，如果对损失者提供更优质的服务及理赔，组织分配的红利便会减少，产生挤出效应；对保东做好防灾防损，减少保东的损失，使保东的自利偏好得到满足，同时也减少了组织的赔付成本，提高了组织的偿付能力，增强了对其他保东的保障，这便实现了利他，产生挤入效应；提高管理层对组织贡献度的宣传，提高其知名度，管理层受自利偏好的驱使，会更努力地经营好公司，这也是挤入效应。因此，相互保险组织的治理应基于意识利己，基于自利偏好与利他等社会性偏好的结合。

二、所有权、控制权及实际受益权分离的产权关系

(一) 产权理论

产权理论研究的核心问题是如何处理外部性的问题，目的是通过产权的界定和安排来消除或降低外部性，以降低交易成本，提高资源配置的效率。科斯在 20 世纪 30 年代发表的《企业的性质》中指出，企业与市场是交易的不同方式，采用哪种方式进行交易的关键在于交易成本的高低，当采用企业的形式进行内部化后，交易成本更低，所以企业存在。20 世纪 60 年代科斯在《社会成本问题》中论证了只要产权是明确的，即使存在社会成本，市场交易也可以是有效率的。1966 年，乔治·斯蒂格勒在《价格理论》中提出"科斯定理"，对科斯的观点进行分析和归纳，指出能否实现帕累托最优，实现交易成本为零或很小的关键不在于产权归谁，而在于产权的界定是否明确。但是，一旦产权界定不明确，产权如何配置就会对交易成本产生影响。

产权对效率如此重要，那么什么是产权？阿尔钦在《产权：一个经典注释》中认为"产权是一个社会所强制实施的选择一种经济品的使用的权利"[①]。菲吕博腾和配杰威齐在《产权与经济理论：近期文献的一个综述》中指出，产权体现的是人与人之间关于对物如何使用、如何处置及如何收益分配等行为引起的相互关系，不是人与物的关系。登姆塞

---

① 阿尔钦. 产权：一个经典注释［M］//陈昕. 财产权利与制度变迁——产权学派与新制度学派译文集. 上海：上海三联书店，上海人民出版社，1991：166.

茨在《关于产权理论》中认为产权是一种关于个体未来获得收益或遭受损失的权利，有产权的存在，个体就能在交易时对交易后的收益或损失形成预期。产权的功能在于向人们提供将外部性内在化的激励。《牛津法律大辞典》对产权的界定为："亦称财产所有权，是指存在于任何客体之中或之上的完全权利，它包括占有权、使用权、出借权、转让权、用尽权、消费权和其他与财产有关的权利。"① 产权是一系列权利的集合，其核心是所有权。作为一组权利，产权可以分割、重组、让渡，通过一系列子权利的安排来优化资源的配置，实现产权所有者收益的最大化。

产权可分为私有产权和共有产权。将产权界定给个人，使这个人独自享有所有、占有、使用、收益和处置的权利，则称为私有产权。将产权界定给多个成员共同所有，则称为共有产权。1968 年，哈丁在《公地悲剧》中指出，私有产权才是界定更为清楚的、效率最高的产权安排，共有产权会造成共同体成员不断地将个人的外部性收益内部化，对公共资源进行掠夺性挖掘，造成对公共资源的破坏。

（二）相互保险组织产权特点：所有权、控制权和实际受益权分离

产权具有激励和约束功能，其规定了经济主体如何受益、如何受损。通过产权的安排，对经济主体的利益进行保护，通过利益传导机制的作用，对经济主体的行为进行激励或约束。产权有外部性内在化的功能，现实经济社会中外部性广泛存在，登姆塞茨指出，产权能促使人们不断将外部收益内部化。产权也具有利益分配功能，作为一种权利，产权是利益分配的根本依据。总体来看，产权具有优化资源配置、提高配置效率的重要功能，是影响组织治理目标实现的重要变量，对产权的分析是相互保险组织治理的基础。相互保险组织作为一种特殊的组织，在产权上又有与股份制公司和公益性组织不同的特点。

股份制保险公司的股东将资本投入公司，交由经营者控制，然后获取股利收入。股东保留了以收益权为核心的所有权，经营控制权由经营者掌握，形成了两权分离，却保持了剩余索取权和剩余控制权的同一

---

① 牛津法律大辞典翻译委员会. 牛津法律大辞典 [M]. 北京：光明日报出版社，1988.

性，即二者都归股东所有。在公益性组织中，捐赠者自愿将资产捐献给公益组织，表明他全面让渡了所有权，不再对捐赠物拥有所有权，也没有占有、使用、受益、处置等权利。但是，捐赠者对受赠人使用资产作了以某种特定公益为目的的限制，限制了控制人不得损坏财产，不得将资产所产生的利益收归自己，即限制了控制人只拥有占有、使用、支配的权利，通过这种方式，捐赠人对公益组织拥有控制权。公益组织中的受益权归属于某种特定公益目的范围内的不确定人群，不再属于捐赠者，虽然捐赠者某一天也可能成为公益目的的受益对象，但那是不确定的偶发情况。从公益组织和股份制保险公司的分析可以看出，股份制保险公司的剩余索取权和剩余控制权有同一性，公益组织的剩余索取权和剩余控制权是分离的，不具有同一性。

相互保险组织的保东将保费资金投入组织，交由经营者控制，保东可以获得两方面的收益：一是组织分配的红利，二是约定保险事故发生时获得相应的损失赔款。相互保险组织的产权关系，有的特点类似于股份制公司，有的特点又类似于公益组织。

首先，经营者不享有剩余索取权，这与公益组织相同，而与股份制保险公司不同。因为股份制保险公司由资本和劳动力两种生产要素构成，以创造利润为目的，因此，两种生产要素所有者均应取得剩余索取权。相互保险组织与公益组织类似，是以有效利用保险资金对灾害损失者给予帮助为目的，是互相帮助而不是创造利润，经营者只是有效地管理好这些资金而已，即便产生了收益，也应用于对保单持有者的损失赔款或向保东分配，不能占为己有。

其次，保东作为资金提供者，剩余索取权和剩余控制权分离程度既不像公益组织那样高，也不像股份制公司那样完全具有同一性。一方面，从红利归属来看，虽然保东有红利分配权，但是，由于相互保险组织是以为保东提供更优质的帮助为目标，即便是通过降低管理成本或投资获得收益，也更多地将收益留存于组织中，用于提高理赔服务水平，很少进行红利分配，我国阳光农业相互保险公司于 2005 年成立，到2017 年盈余公积已达 2 亿元，未分配利润达 6.8 亿元，偿付能力充足率达 355.3%，但一直未进行过利润分配。因此，相互保险组织的红利分配更具有表征会员权利的象征意义，并没有多少实际意义。同时，由于保险经营的特点，当期的利润往往是前期保单形成的，红利与保东投入的资金及其行使的控制权在时间上并不匹配，也造成剩余索取权和剩余控制权不匹配。另一方面，从损失赔款的归属来看，虽然保东享有获得赔款的权利，但是这种权利并不确定能够真正成为现实的收益，要依赖于保险合同约定事项的出现，而且这种事项是人为无法控制的意外，并非通过好的管控措施就能得到。更为特别的是保东们并不希望意外发生，不希望获得赔款的机会变为现实。这一点与公益组织类似，剩余索取权和剩余控制权存在分离，但也不完全相同，公益组织的受益对象具有不确定性和未知性，相互保险组织的受益对象却限定于保东范围，与保东的关系更为密切。

因此，相互保险组织与股份制保险公司和公益组织存在一定的相似性，又有其独特性，所有权、控制权和受益权存在分离状态。这种特殊性将对相互保险组织治理产生根本性的影响。

三、委托—代理关系的复杂特性

（一）委托—代理理论

委托—代理关系指委托人把控制权交给代理人，由自己承担收益的不确定性风险而形成的关系。委托—代理关系广泛存在于现实社会中，如企业管理者将工作交由下属，病人请医生治病，公司所有人授权委托公司经理经营等。构成委托—代理关系的委托人与代理人存在各自不同的条件、不同的需求，而且存在信息不对称，导致委托人难以判断受托人的行为是否符合委托人的要求，结果是否达到委托人的目标，一个组织不能处理好委托人与受托人的这些关系，就会出现代理问题。代理问题的产生基于以下四个前提：一是代理人是存在机会主义动机的经济人，作为自利的代理人，总是会不失时机地争取自己的最大利益，包括对委托人利益的损害。二是委托人的有限理性，如果委托人是完全理性的，就可以全面了解受托人的情况，在签契约时就可以考虑到受托人可能发生的各种机会主义行为，并在契约中体现出来，受托人在事后再进行机会主义行为就会毫无意义。三是委托人和受托人存在信息不对称，委托人对信息的缺失可以有两方面：一方面是无论采取什么办法都不能完全掌握受托人的信息；另一方面可能是要获取更全面的信息需要付出非常高的成本，从成本效益角度来看，这当然是不经济的，也就是不可行的。四是委托人和受托人的目标函数存在差异，如果两者的目标函数完全相同，就不会存在代理问题。委托—代理理论就是围绕代理问题的解决而展开的。解决代理问题有两方面的措施：一方面是内部控制措施，委托人通过激励相容合同，对受托人进行绩效考核，使受托人为了自身目标而努力实现委托人的目标；另一方面是外部控制，通过外部市场竞争传递信号，委托人可据此对受托人的效率和信息进行甄别，通过信息比较动力、生存动力和信誉动力对受托者形成竞争激励。

（二）相互保险组织的委托—代理关系特点

相互保险组织同样存在典型的委托—代理关系，解决代理问题成为组织治理要解决的核心问题。与股份制保险公司相比，相互保险组织的代理问题有更为复杂的特点：

一是受托人提交的成果难以测量。股份制公司的经营者向股东提交的成果是公司利润，维度单一、明确，有会计准则等相对较为明确的计量方法进行计量，股东容易据此判断经营者的履职情况。但相互保险组织经营的目标并不是单一的利润指标，作为委托者的保东在乎的不仅仅是红利，更为关注发生保险事故时能否获得满意的赔付，还有保险期限内的防灾防损服务。赔付服务的内容也不仅仅是金额的大小，还有服务的及时性、良好的态度等附加值。赔付和防灾防损等项目的满意度难以进行标准化和明确的计量，而且各项目标之间又存在冲突，赔付充足了、防灾防损服务多了，会增加运营成本，导致可供分配的红利减少。总之，要对受托者的履职成果进行有效的衡量难度更大。

二是作为委托人的保东缺乏监督积极性，监督主体缺位。股份制保险公司在股权分散、股东数量多、缺乏大股东的情况下会出现较为严重的"搭便车行为"。保险业有大数法则的要求，相互保险组织的保东有更为庞大的规模，而且规模越大说明组织发展得越好。另外，股份制保险公司中股东的收益受公司经营好坏的影响，相互保险组织中保东的红利虽然也受组织效益好坏的影响，但因保东具有保单持有人的身份，其主要收益来自保险事故发生的损失赔偿，这部分主要收益受到保险合同的制约，保东会认为自身收益是比较安全的，更缺乏监督受托者的积极性。

三是委托人对受托人的成果缺乏直接关联感受。委托人作为保单持有人，其主要收益是以保险事故是否发生来确定，保险事故的发生纯属意外，存在随机性，只会有部分保单持有人发生保险事故，相应地获得损失赔偿，更大一部分保单持有人并不会发生保险事故，不会获得损失赔偿，这部分人就无法直观感受到受托人的履职成果，导致监督困难。

四是市场监督缺失。股份制保险公司存在外部资本市场，股东不仅可以采用"手投票"的方式行使权力，强化监督，还可以采用"脚投票"的方式，通过抛售股权、自由选择股票等方式来形成外部市场的硬性监督。但相互保险组织的保东在保险期间内无法采用"脚投票"的方式，一般不能通过退出或转让的方式收回自己投入的保费资金，不能形成相应的监督机制。

五是委托人与受托人具有风险厌恶态度。"像自然惧怕真空一样，资本是惧怕没有利润或利润过于微小。一有适当的利润，资本就会胆壮起来。10％会保障它在任何地方被使用；20％会使它活泼起来；50％的利润会引起积极的大胆；100％会使人不顾一切人的法律；300％就会使人不顾犯罪，甚至不惜冒绞首的危险了。"① 股份制保险公司的股东为了利润愿意冒更大的风险，相互保险组织的保东并非追逐利润，而是为了防范风险、分散风险才缴纳保费资金成为保东的，因此，作为委托人的保东往往具有较强的风险厌恶态度。对于作为受托人的经营管理者，如果股份制保险公司获得高额的利润，经营者也能获得以利润为依据的奖金，甚至兑现期权，经营者愿意选择股份制保险公司，表明其有相对高一些的风险偏好。相互保险组织的经营管理者不会以组织利润的多少为重要依据获得奖励，愿意选择相互保险组织是因为市场竞争压力相对更小，失去工作的风险更小。总体来看，与股份制保险公司相比，相互保险组织的委托人和受托人都具有更强的风险厌恶态度。

总之，相互保险组织存在委托—代理关系，在利益驱使下，代理人必然产生道德风险和逆向选择。而且相互保险组织的委托—代理关系有别于股份制保险公司，相互保险组织必须以自身的委托—代理关系为轴线来构建治理结构与机制，提高治理效果。

---

① 马克思. 资本论 [M]. 郭大力，王亚南，译. 北京：人民出版社，1953：961.

四、利益相关者的协同治理

由于相互保险组织的所有权、控制权及实际受益权分离，作为组织主要所有者的保东参与治理的动力存在不足，更需要其他力量协同参与治理。

（一）利益相关者理论

公司治理模式分为股东至上理论和利益相关者理论。股东至上理论认为股东是公司的所有者，公司的终极目标是实现股东利益最大化，公司治理就是要监督激励经营管理者按照股东利益来行使控制权。利益相关者理论则认为公司不仅需要股东投入资本，还需要各种利益相关者的投入或参与，包括投入劳动力的经营者和员工、借入资金的债权人、提供原材料的供应商，以及消费者、政府、社区等其他相关利益者，公司不仅要为股东服务，还要为这些利益相关者服务，保护他们的利益。

利益相关者理论起源于 1959 年彭罗斯在《企业成长理论》中提出的"企业是人力资产和人际关系的集合"观念，1963 年斯坦福大学研究所率先将利益相关者定义为组织生存的必要条件，如果没有利益相关者，组织就不可能生存。1984 年，弗里曼在《战略管理：利益相关者管理的分析方法》中详细分析了利益相关者，提出了具有代表性的定义："利益相关者是能够影响组织目标的实现，或者在组织实现其目标过程中受到影响的所有个体和群体。"[①] 20 世纪 90 年代，美国经济学家布莱尔提出利益相关者是"所有那些向企业提供了专用性资产，以及已经处于风险状况的人或集团"[②]。布莱尔认为，专用资产投入量的大小、其所有者面临风险的大小是衡量利益相关者与公司关系的依据，投入的专用性资产越多，承担的风险越大，所得到的剩余索取权和剩余控制权就应该更大。据此，布莱尔在《所有权与控制：面向 21 世纪的公司治理探索》中指出，由于股东以其投入资本为限承担责任，实际上这个责任是有限的，一部分风险已经被转移给了债权人、员工及供应商等其他

---

① R Edward Freeman. A stakeholder approach to strategic management [J]. Analysis, 1984, 1 (1)：279.

② 龚丽. 利益相关者参与企业价值增值分享的研究 [D]. 青岛：中国海洋大学，2011：46.

相关者，因此，公司治理不能仅仅为股东利益服务，也应为其他利益相关者服务，而且利益相关者应该以其投入专用性资产的多少和承担风险的多少来获得利益的保护，这便为匹配相应的剩余索取权和剩余控制权提供了依据。

公司治理"是指有关公司剩余控制权和剩余索取权分配的一套法律、文化和制度安排，这些安排决定公司的运营目标，谁在什么状态下实施控制，如何控制，风险和收益如何在不同企业成员之间分配等这样一些问题"①。不完全合同理论认为，企业的经营充满了不确定性，应该把更为重要的剩余权利赋予投资行为中更为重要的一方，因为该所有者一旦认为自身权利无法得到保证，投资暴露于风险之中，就不会愿意进行投资。格罗兹曼和哈特认为物质资本比人力资本有更强的专用性，股东的收入又在扣除工资之后，承担着公司经营不确定性的风险，因此公司剩余权利应该配置给物质资本所有者，即资本雇佣劳动。但是其他学者从研究人力资产的专用性出发，认为提供人力资产的管理者和员工以及其他利益相关者也存在对企业投入资产的专用性，应该与股东一样享有剩余权利，具体权利如何分配则根据资产专用性的程度、资产稀缺程度以及当事人的风险偏好等因素来确定，取决于各要素所有者之间谈判实力的对比。因此，按照利益相关者理论，公司治理是利益相关者之间根据其投入资产的专用性、稀缺性进行复杂博弈的结果。2015年，《二十国集团/经合组织公司治理原则》指出："公司治理框架应承认利益相关者的各项经法律或共同协议而确立的权利，并鼓励公司与利益相关者之间在创造财富和就业以及促进企业财务的持续稳健性等方面展开积极合作。"②

（二）相互保险组织的协同治理

张维迎指出，"对企业的所有权实际上是一种'状态依存所有权'"③，剩余索取权和控制权的配置并不唯一固定。杨瑞龙和周业安（1997）构建了企业所有权安排的规范性分析框架，指出"剩余索取权

① 张维迎. 理解公司——产权、激励与治理 [M]. 上海：上海人民出版社，2014：23.
② OECD. 二十国集团/经合组织公司治理原则 [M]. OECD Publishing，2016.
③ 张维迎. 所有制、治理结构及委托—代理关系——兼评崔之元和周其仁的一些观点 [J]. 经济研究，1996（9）：4.

与控制权集中地对称分布于单一主体只是一种特例，更常见的情形是分散式对称分布"①。相互保险组织剩余索取权和控制权的配置也不是单一地配置给保东，而是分散式对称地分布于组织的利益相关者之间，而且随利益相关者与组织之间的关系不同有所差异。

1. 相互保险组织利益相关者的分类

资产专用性是指资产用于特定用途后被锁定，很难用于其他用途，或用于其他用途时价值会发生贬损，甚至毫无价值。资产专用性表明资产所有者在合作参与中所暴露的风险，专用性程度越高，面临的风险越大。按照布莱尔的观点，资产专用性的程度是匹配多少剩余索取权和剩余控制权的重要依据，资产专用性带来的风险程度影响着相互保险组织利益相关者在治理中的地位。投入资产的专用性越强，对组织的影响越大，与组织之间的关系就越紧密。相互保险组织有以下几类关系密切的利益相关者。

一是保东。保东投入保费资金，依据保险合同约定在保险事故发生时获得赔款以及根据章程规定取得分红。保东投入的保费资金是相互保险组织赖以生存的基本条件，保东存在几方面风险：保费资金一旦投入组织后，保东难以像股东转让股权那样收回资金；保东能否获得红利依赖于相互保险组织的经营情况，受制于经营者；保东能否获得保险合同约定的足额赔付和满意的服务也受制于经营者的经营情况，尽管有合同约定作为法律层面的保障，但法律诉讼成本比较高，而且一旦组织整体经营不善导致偿付能力不足，保东也无法保障自身利益。因此，保东毫无疑问是相互保险组织中投入资产专用性极高、承担风险最大的利益相关者。

二是保证性资金提供者。保证性资金是相互保险组织在创立初期或经营过程中因资金缺乏而借入的或接受捐赠的资金。我国《相互保险组织监管试行办法》规定一般相互保险组织的设立必须有不低于 1 亿元的初始运营资金，"初始运营资金由主要发起会员负责筹集，可以来自他人捐赠或借款，必须以实缴货币资金形式注入"②。捐赠型保证性资金提供者类似于公益性组织的捐赠者，该部分资金不需要偿还，只要符合

---

① 杨瑞龙，周业安. 一个关于企业所有权安排的规范性分析框架及其理论含义——兼评张维迎、周其仁及崔之元的一些观点［J］. 经济研究，1997（1）：21.

② 中国保监会《相互保险组织监管试行办法》第十条。

捐赠者用于保东损失保障的意图就行。债权型保证性资金提供者需要在较长期限后收回资金，并获得较高比例的利息收益和部分随相互保险组织经营状况波动的红利，但在相互保险组织偿付能力不足的情况下，不得偿还债权型保证性资金本息，该类型资金的清偿顺序在保单责任之后，也就是在保东的损失赔偿之后，保东红利或清算收益之前。因此，保证性资金提供者面临较大的风险，是与相互保险组织关系极为密切的利益相关者。

保证性资金提供者对相互保险组织的生存与发展尤为重要。20世纪90年代出现的"非相互化"浪潮，其中一个主要原因就是经济全球化给相互保险组织带来竞争压力，相互保险组织需要大量的资金介入，但其没有股份制保险公司那么强的融资能力。因此，相互保险组织要想在竞争中取胜，必须快速取得大量资金的支持，保证性资金是一个极为重要的快速融资渠道。不处理好保证性资金提供者的利益保护问题，就会影响该渠道的融资效果。

三是政府。相互保险组织具有经济补偿功能，在人们的人身和财产因自然灾害或意外事故而遭受损失时，通过相互保险组织的及时赔付，有利于及时恢复生产生活秩序，减少政府财政和事务负担；相互保险组织也有资金融通功能，通过事先收取分散的保费用于事后发生损失的集中支付，在融资结构上体现出与非金融业不同的高负债率；同时，相互保险组织还有参与社会管理的功能，可以分担国家的社会保障负担，可以参与国家公共事务应急体系的构建，提供处理社会应急事件的手段，可以缓解社会矛盾，促进社会和谐稳定，可以通过巨灾保险减轻巨灾给社会带来的极大震荡。相互保险组织以大数法则为原则，保东群体较为广泛，组织的经营对社会影响较大，具有强大的外部性，相互保险组织如果发展得好，将给经济社会带来良好的效应。周灿（2014）进行实证研究后得出结论，"我国保险业不仅为经济发展做出了直接贡献，还产生了显著的外溢效应，引导了产业结构调整和经济总量增长，保费收入对GDP的弹性系数达到0.6857"①。正因如此，国家强调保险业是我国市场经济体系的重要组成部分，对保险业的发展给予特别重视。以上情

---

① 周灿. 中国保险业的经济外部性实证研究［D］. 长沙：中南大学，2014：149.

况说明，作为保险业的一种组织形式，相互保险组织与政府存在密切的关系，一旦相互保险组织经营不善，出现偿付能力不足或破产清算等情况，将给社会稳定和政府的管理带来极大的冲击。

相互保险组织的成立需要政府许可，可理解为政府给予了特许经营权，将经济社会环境引入相互保险组织，成为相互保险组织赖以生存的重要资产。与一般的经济组织不同，一旦相互保险组织经营不善，经济社会环境就会受到极大的影响，政府也会面临风险。政府有多个机构行使不同的职能，银保监会是政府设立的专门对保险业进行监督管理的主管机构，是政府在保险业方面利益的代表，因此，可将银保监会视为与相互保险组织有特殊重要利益关系的利益相关者。

四是雇员。雇员受相互保险组织雇佣，为组织提供劳动力。雇员投入的劳动力专用性程度也很高。首先，雇员与相互保险组织签订的劳动合同是非常不完备的，存在很大的不确定性。雇员应该投入怎样的工作时间、技能等无法一一列明，应该获得多少报酬也几乎不能确定，因为组织的薪酬政策随时都有可能变化，职工并没有谈判能力。其次，进入组织后，雇员不断投入时间和精力，不断学习，培养起独特的劳动能力，这种能力同公司特有的企业文化、工艺流程、管理体系息息相关，一旦脱离组织，有的知识、技能就会失去价值，劳动力的价值就会降低。最后，组织实行的越来越精细化的分工，使得每个雇员只是流水线上的一颗螺丝钉，一旦脱离流水线，其劳动力毫无用处。这样的劳动力就面临巨大的风险，组织随时可以招聘新人替代。

亚当·斯密说"劳动生产力上最大的增进，以及运用劳动时所表现的更大的熟练、技巧和判断力，似乎都是分工的结果"，"人们天赋才能的差异，实际上并不像我们所感觉的那么大。人们壮年时在不同职业上表现出来的极不相同的才能，在多数场合，与其说是分工的原因，倒不如说是分工的结果"。[①] 张春海（2014）对 33 家财产保险公司的实证分析结果显示，"劳动力的弹性系数为 0.7545，而资本的弹性系数为 0.3317，劳动力的贡献率要大于资本的贡献率"[②]，根据亚当·斯密的

---

① 亚当·斯密. 国民财富的性质和原因的研究 [M]. 郭大力，等译. 北京：商务印书馆，1997：5，15.

② 张春海. 我国保险业经营效率研究 [D]. 北京：对外经济贸易大学，2014：67.

劳动分工理论，财产保险公司劳动力的贡献率高就是雇员参与社会劳动分工的结果。由此可以说明劳动力既是相互保险组织重要的资产，又是具有较高程度专用性的资产。雇员没有选择因追求利润而面临风险更高的股份制保险公司，说明该类雇员具有较强的风险厌恶态度。雇员的风险厌恶态度又进一步增强了劳动力的专用性程度。因此，雇员是相互保险组织较为重要的一类利益相关者。

除会员、保证性资金提供者、政府、雇员外，与股份制保险公司相同，相互保险组织还有保险公估人、保险经纪人、保险代理人、汽车修理厂、供应商、再保集团、媒体、科研机构等众多利益相关者。这些利益相关者与相互保险组织之间虽然存在相关性，但紧密程度存在很大的差距。Clarkson（1995）将公司利益相关者分为首要的和次要的相关者，陈宏辉和贾生华（2004）则从三个维度将利益相关者分为核心利益相关者、潜在利益相关者和边缘利益相关者三类。根据这两种分类法，保东、保证性资金提供者、政府和雇员应该属于重要利益相关者或核心利益相关者，其他利益相关者则是次要的或潜在的边缘利益相关者。

2. 相互保险组织治理中利益相关者协同治理的权能配置

由于利益相关者与相互保险组织之间的关系存在差异，其参与治理的实现路径也有所不同。

第一是保东和债权型保证性资金提供者。保东、债权型保证性资金提供者是相互保险组织极为重要的利益相关者，他们投入的保费资金或保证性资金是组织赖以生存的基础，没有这些资金，组织就不可能生存。同时，保东和债券型保证性资金提供者都有明确的经济利益诉求，保东有理赔和红利诉求，债券型保证性资金提供者有收回本金和利息的诉求。因此，保东和债权型保证性资金提供者应配置直接的内部控制权，可参与相互保险组织的内部治理，即可以参与重大事项的决策和对董事、监事等重要人事的安排。

第二是政府的直接行业主管机构（银保监会）。银保监会是政府在相互保险组织相应领域利益的直接代表，是一类特殊的重要利益相关者，也应配置一定的内部控制参与权。同时，银保监会作为行政机构不应直接干预组织的经营管理。因此，政府不能像保东那样直接参与组织的决策，但可以通过参与对董事、监事人员的选聘来实现其内部控制的参与，正如股份制保险公司中保监会对董事、监事甚至高管人员都要进行任职资格审查一样。

第三是雇员。同为重要利益相关者，但相互保险组织的雇员与保东和债权型保证性资金提供者之间有所区别。在股份制公司，雇员与股东一道追求公司利润，以此获得更高的利润奖金。在相互保险组织中，雇员就是被雇佣来实现组织互助互利的目标，雇员不能对组织利润进行分配，这与非营利组织对控制人"不分配约束"一致。因此，为防止雇员可能为自身利益而对组织进行操纵，相互保险组织的雇员不应参与组织的重大决策。但是，由于雇员也是重要利益相关者，风险暴露高，应该给雇员配置监督权，以保障自身权益。作为内部人，雇员也有信息方面的优势，有利于发挥监督作用。

第四是其他利益相关者，包括税务等政府其他相关机构，捐赠型保证性资金提供者、公估人、再保人等。这一类利益相关者属于次要利益相关者，不应配置组织的内部控制权，而是通过外部治理的方式参与组织的治理，如法律规制、司法诉讼、媒体监督、公估鉴证、合同执行与终止等措施。

综上分析，相互保险组织治理不是单一主体的治理，而是利益相关者根据与组织之间的关系来配置其参与治理的权能，各司其职，实现相互保险组织的协同治理（见表3—1）。

表3—1　利益相关者参与治理的权能配置

利益相关者	内部参与				外部参与
	决策	监督	董事委派	监事委派	
保东	√	√	√		√
债权型保证性资金提供者	√	√	√	√	√
保险主管机关		√		√	√
雇员		√			√
其他利益相关者					√

五、治理目标的保东问责与公共问责取向

彼得·德鲁克指出，"在后资本主义社会，形构社会与组织的原理

一定是'责任'，这种组织社会或知识社会，要求组织必须以责任为基础"。柯恩斯（Kearns，1996）将问责的具体内容明确为法律问责、协商问责、裁量问责和预期问责，将问责界定为向高层权威负责并交代资源去向和效果，以及具体的监督和报告机制。何为问责？问责就是在委托—代理关系中，受托人就其履行职责的情况向委托者作出回答。

（一）相互保险组织对保东的责任与问责

股份制保险公司的目的是为股东创造利润，实现资本增值，因此，股份制保险公司向股东负责，接受股东的问责。相互保险组织的本质目的是为缴纳保费资金的保东服务，向其提供保险事故损失的赔偿和一定的红利，实现保东之间的互助，而且相互保险组织赖以持续存在的基本前提是保东缴纳保费资金。经营者以及普通员工接受保东的委托，完成相关经营工作，实现保东利益最大化，因此，相互保险组织必须向保东负责，接受保东的问责。

（二）相互保险组织的公共责任与问责

长期以来，公共问责主要针对掌握公共权力的公共部门尤其是行政部门而提出的。相互保险组织是基于保东互助的本质成立的，其保东和股份制保险公司中的股东存在区别，股份制保险公司的股东数量有限，即便是公众上市公司，股份数量也有限，虽然可以通过增资等方式不断增加股东数量，但必须经过一定的程序和条件才能实现。相互保险组织中的保东是没有明确边界的，由于保东同时也是投保人，根据大数法则，相互保险组织应该不断地增加投保人的数量，使大数法则有效发挥作用，因此，相互保险组织的保东具有广泛性。从这个角度来看，相互保险组织对保东负责，也就是对社会公众负责，即公共问责。同时，相互保险组织有较强的外部性，面临其他众多的利益相关者，也需要对其负责，因此，相互保险组织也存在公共责任。

相互保险组织对保东的责任和公共责任存在一致性，但具体到某个时间点，保东又仅是社会公众的一部分，对保东的责任与公共责任存在一定的差异，两者存在冲突，如何将所涉及的问责主体纳入治理框架进行总体协调是治理结构设计中需要考虑的问题。

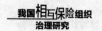

六、章程作为"元规则"的重要治理作用

(一)章程的一般性理论及立宪经济学理论

1. 章程的一般性理论

章程是关于组织规程和办事规则的根本性的规章制度。关于章程的性质,有多种学说。

一是法定说。认为章程是在国家法律规定下制定的,是组织相关法律在组织内部的体现和反映,其效力低于法律。据此,确定了章程的内容、效力、作用,章程也就成为处理组织纠纷的基本原则。凯尔森指出,"社团只有通过它的法律才能在法律上是存在的"①。社团的形成必须要有制度规范的秩序及在此基础上的分工。

二是契约说。契约说来自英美法系国家对公司章程的理解,"公司章程应视为公司股东、董事及高层管理人员之间订立的合同"②。认为章程的约束力在于成员的自有意思,认可章程的成员接受章程约定的权利和义务,与公司建立关系,如果想脱离约束,也可根据章程约定退出公司,如股东转让股份或员工辞职。英国《不列颠哥伦比亚公司法》第13条规定:"公司章程及其细则一经注册,就相当于所有成员已在上面签字确认,就要对每个成员进行平等的约束,包括他的继承人、遗产执行者和管理者。"③契约说也符合契约经济学家对企业性质的观点,认为企业是一个契约联合体,而章程则是各参与者签订的最为基础的契约。

三是自治规范说。认为章程是组织对内部各主体进行约束和规范的具有一定稳定性、强制性的自治规范。章程首先体现的是组织的自治,由组织在国家法律规范下按照组织参与者的意愿自行制定,对组织的运作原则、经营方针、战略规划、相关机构人员的行为等进行规范,不受政府的直接管理。在效力范围上,韩国学者李哲松认为公司章程不仅约

① 凯尔森. 法与国家的一般理论 [M]. 沈宗灵,译. 北京:中国大百科全书出版社,1996:111.

② Gower. Gower's principles of modern company law [J]. London stevens, 1979 (4):315.

③ Gower. Gower's principles of modern company law [J]. London Sweet&Maxwell, 1997:120—122.

束制定章程的人，还约束公司机关和新加入的成员，不因成员的变更而改变。① 从效力层级上看，"公司章程的实质意义为公司组织和行为的根本准则"②。

三种不同的观点从不同的角度对组织的章程进行了诠释，综合反映了组织章程的性质和作用。

2. 立宪经济学理论

詹姆斯·M. 布坎南与戈登·图洛克合著的《同意的计算：立宪民主的逻辑基础》讨论了决策规则对集体决策中行为主体的影响，奠定了对宪法进行经济学分析的框架，并试图对立宪规则的运转作出解释。立宪经济学致力于"研究规则，规则如何选择，又如何运行"③，认为集体决策不过是集体中的个人决策通过某种特殊的决策规则集结的结果。立宪经济学主要讨论集体决策中的两个阶段，即规则的制定、选择阶段和规则确定后的行为选择阶段。对于规则，"立宪经济学特别关注的是政治、经济过程的根本制度——宪法，它是生成制度的制度，制定规则的规则"④。立宪经济学理论对政治哲学和伦理学中的公正进行了不同的解读，认为公正并不先于规则，而是规则结构内的固有指标，一项行为是否公正，取决于行为是否违反既定的规则；一项规则是否公正，则取决于该项规则的选择过程是否符合元规则。在一个宪政国家中，宪法就是元规则，符合宪法的其他法律法规就是公正的，否则就是不公正的，一项行为符合元规则之下形成的规则则是公正的。那么对于宪政国家，作为元规则的宪法应该如何制定？"维克塞尔认为，确保每一位公民不受政府的伤害，同时确保政府对所有公民一视同仁的必要条件是全部政治决策都按照'一致同意'的规则作出。"因为多数票规则可能导致多数者对少数者权利的侵犯。人类社会的理想境界应该是尊重每个公民应有的权利，阻止一切强权，因此，公民的一致同意是一切政治决策的基础。"一致同意规则"虽然很好，但其成本却是高昂的，集体决策

① 李哲松. 韩国公司法 [M]. 吴日焕，译. 北京：中国政法大学出版社，1999：76.

② 吴建斌. 公司章程行为的认定及其实际运用 [J]. 南京大学法律评论，2002：80.

③ Buchanan James M. The domain of constitutional economics [J]. Constitutional political economy，Vol. 1 (1)，1990：1—18.

④ 阮守武. 公共选择理论及其应用研究 [M]. 合肥：安徽教育出版社，2014：138，141.

中"一致同意"规则将带来低效率和冲突，为提高效率、节约成本，只须对作为元规则的宪法的实施一致同意，其他规则、行为在宪法之下运行就可以了。因此，立宪选择应该以公民一致同意为基础，必须"确保政治博弈的基本规则的变革得到普遍同意"①。对于宪政的变革，立宪经济学认为，由于理性的参与者会偏向于可预见的对自己有利的变革，这将有失公正，如果不是对具体规则进行变革，而是对抽象的元规则进行变革的话，变更参与者将难以预见变革后对自己的影响，就好像站在约翰·罗尔斯提出的"无知之幕"背后，这样就更容易解决宪法变革中的有失公正问题。

（二）相互保险组织章程的特点：与股份制保险公司比较

1. 相互保险组织的章程比股份制保险公司的章程更有自由度

股份制保险公司都以追求利润为目标，公司运作机制一致性较强，各公司间章程的差异度较小，政府法律法规比较容易进行统一规范，因此，股份制保险公司在章程方面的自由度相对较低。相互保险组织以"互助"为组织原则，"互助"的形式和内容及具体方式多种多样，而组织章程对此必须进行相应的规范，因此，各相互保险组织间的章程差异较大，政府法律法规也不容易进行统一规范，只能给予相互保险组织制定章程更大的自由度。"相互保险公司有很大的自主权制定公司章程，只要没有强制性的法律规定，各个相互保险公司的基本法由公司章程确定。"② 这也说明相互保险组织的章程对组织的治理更加重要。

2. "一人一票"与"一股一票"的区别

在相互保险组织章程的确定中，保东的权利以"身份、资格"为基础，保东在投票决策时实行"一人一票"，体现的是保东身份的民主、公正，与国家赋予公民平等权利类似。股份制保险公司中却实行"一股一票"股权民主，同样的身份，不同股权享有的权利也不同。

---

① 布伦南，布坎南. 宪政经济学 [M]. 冯克利，等译. 北京：中国社会科学出版社，2004：153.

② 江生忠. 保险企业组织形式研究 [M]. 北京：中国财政经济出版社，2008：35.

3. 相互保险组织的章程比股份制保险公司的章程更需要"一致同意"

股份制保险公司以经济利益为目标，即便在章程设定和修改中实行"多数票"规则，造成多数股权股东对少数股权股东权利的侵害，采取其他措施进行追偿也相对更容易，无非再加上时间价值的补偿。相互保险组织不仅以经济利益为目标，还以"互相帮助"为目标，经济利益容易追偿，"互相帮助"的精神意愿却难以追偿，失去对某位出险保东的帮助机会就再也补不回来，更不可能荒谬地希望他再出一次保险事故后进行再次理赔。

4. 相互保险组织的保东更容易处于"无知之幕"的状态

股份制保险公司的股东以经济利益为出发点，何种状态下对自己更为有利，相对容易分析判断。相互保险组织中，保东是否获得理赔收益、是否能真正帮助到别人，主要依赖外在的意外保险事故，相应地，红利也与意外因素相关，因此，其处于一种相对"无知"的状态。

5. 相互保险组织的章程更具稳定性

有限责任公司的股东数量是有限的，对章程修改的认同相对较为容易，上市公司的股东数量较大，获得认同的难度也相应加大。相互保险组织的保东更为庞大，众惠财产相互保险社 2017 年 2 月才开业，截至 2018 年 6 月 30 日就已经有 96006 名会员，其中企业会员 114 名，个人会员 95892 名。组织越庞大，要获得保东认同的难度就越大，否则将会舍弃"一致同意"原则。参与者数量越庞大，越难以执行"一致同意"原则。

总体来看，相互保险组织章程与股份制保险公司章程存在一定的差异，更接近宪政国家的宪法。因此，立宪经济学的研究方法可用于相互保险组织章程的分析。

（三）相互保险组织章程的制定原则

1. "一致同意"原则

相互保险组织的章程是组织的"宪法"，应该体现成立组织最根本的缘由。一是必须在保东间取得一致同意，保东出于"互助"的目的愿意缴纳保费是组织成立的前提。二是保证性资金提供者一致同意后，才愿意提供初始运营资金或后续增加的保证性资金。三是各级管理人员和员工的认同。四是需经过政府的批准，政府批准既说明章程应置于法律规范之下，也表明政府也是组织治理中的重要利益相关者。"一致同意"原则不仅针对制定时各成员的共同同意，此后新加入者也应同意。

2. "无知之幕"原则

即对章程的修改应由修改后对自己具体收益影响不那么明确的人员来实施，让修改者处于"无知之幕"背后。因此，对章程内容的修改应选择利益不相干人员来实施，修改内容不同则修改者不同。如涉及初始运营资金退出时机、条件的修改就不能由组织的主要发起人来实施。

3. 持久稳定原则

美国宪法自1787—2013年两百多年间仅修改了18次，涉及27条修正案。组织章程是组织的"宪法"，应该保持稳定性。如若随意修改，一方面要符合"无知之幕"原则的难度会加大；另一方面要让所有成员认可修改内容，成本较高，还容易出现实际操作中损人利己的操纵行为。

4. 简洁明确，具有纲领性

章程是组织的"根本大法"，是组织各项制度、办法、流程遵守的元规则，要能经得起一定限度内各种时空变化的影响，不可能对具体操作的细枝末节作出规定。组织地址、法定代表人名称之类则不宜出现在章程中。同时，章程应意思清楚明确，没有歧义，便于具体制度办法的制定。

5. 经政府核准

相互保险组织必须在法律的规范下运作，章程必须符合政府规定，经政府核准。政府对章程的核准并不表示对组织具体经营管理的干预，而是从法律上给予组织自主权，使其自主制定合法的章程，并依据章程自主经营。同时，政府的核准也赋予了章程在组织内的强制性效力。

（四）相互保险组织章程的主要内容

按照章程制定的原则，相互保险组织章程的主要内容应包括以下几个方面：

（1）组织的宗旨、目标。

（2）组织的经营范围。

（3）保东的资格、权利义务。

（4）保证性运营资金管理：包括初始保证性运营资金和后期保证性运营资金筹集启动的阈值、筹集的方式、筹集规模、利息的额度、偿付本息的条件等。

（5）治理结构：包括保东（代表）大会、董事会、监事会、管理层等治理结构的设立、职责、权力、运行程序，以及成员的任免。

（6）员工的权利义务。

（7）财务会计与统计信息：包括会计核算、财务管理、数据信息库、精算等。

（8）信息披露：信息披露的内容、责任主体、鉴证机构等。

（9）盈余分配：盈余分配的条件、比例、方式。

（10）组织非相互化转制以及组织合并、分立、解散和清算。

（11）章程修改。

（12）争议解决。

第二节　我国相互保险组织治理的分析框架

一、相互保险组织治理分析的基本要素及中国特色

（一）相互保险组织治理分析的基本要素

1. 国家文化对相互保险组织治理的影响

诺斯指出，"人们是通过某些先存的心智构念来处理信息、辨识环境的"，"制度能从根本上改变个人的支付价格，这就使得思想、意识形态以及教条等市场在个人选择中扮演重要角色"。[①] 因此，意识形态、

---

① 道格拉斯·C.诺斯. 制度、制度变迁与经济绩效［M］. 杭行，译. 上海：格致出版社，上海三联书店，上海人民出版社，2008：27，30.

文化传统等非正式制度将影响和制约正式制度的变迁。"文化是社会制序的镜像，而种种社会制序则是在现实社会过程中文化在其形式上的固化、凝化、外化和体现。"① 张文强等（2008）根据哈耶克（F. A. Hayek）的自生秩序理论指出："公司治理结构是在与非正式制度、正式制度、行业特征和公司属性等因素的相互作用中产生和不断演进的……非正式制度是公司治理的社会基础，非正式制度包括社会意识形态、社会价值观、社会心理以及民族文化等。"② 公司治理制度对本土文化总是存在路径依赖，Fang 和 Ll（1991）研究了文化与分配原则之间的关系，指出强调个人价值的文化、阳性文化、不确定规避意识弱的文化更倾向于多投入多回报的股权分配方式，而集体主义文化、阴柔文化、不确定规避意识强的文化则希望采取平均分配。曲扬将各国股权结构的数据和霍夫斯特德文化特征指标数据进行统计分析，发现"在不同的文化和制度环境下，公司治理模式体现出明显的差异，因此公司治理模式与文化模式息息相关"③。德国的文化背景培育了德国的组织治理结构模式。"德意志民族走向了先进，逐渐形成了自强不息、崇拜权威、严谨思辨的日耳曼精神。"④ 德国也形成了以国家利益至上为表现的集体主义价值观，德国人集体主义的价值观促进了团结协作的观念，认为企业存在的价值不是个体，而是团队，形成了"劳动和资本间伙伴关系"的共同治理思想。德国人的严谨思辨则使德国的公司治理规范不是简单地停留在书面上，而是具有很强的可操作性，如监事会与管理委员会互不兼任、职工委员会的选举规则等。美国是崇尚个人主义的松散社会结构，因此，美国的公司治理结构中监督权和决策权均由董事会行使，并且在董事会中设置了同时担任高层管理职务的执行董事，尤其是作为执行董事的 CEO 在公司的发展中发挥着重要作用，为防止权力过于集中，又在董事会中设置了占比较大的独立董事来对 CEO 进行牵制，并强调独立的外部会计稽查制度。日本在封闭的地域共同体基础上培育

① 韦森. 个人主义与社群主义——东西方社会制序历史演进路径差异的文化原因 [J]. 复旦学报（社会科学版），2003（3）：2—9.
② 张文强，肇先，韩玮红. 公司治理的系统依赖性：一个内生化分析框架 [J]. 武汉金融，2008（8）：18，19.
③ 曲扬. 公司治理模式与国家文化的关联性研究 [J]. 中央财经大学学报，2005（8）：54.
④ 肖洋. 德国崛起的社会文化解读 [J]. 当代世界，2012（11）：44.

出较强的集体主义意识，比德国的集体主义意识更强调单向、绝对的忠诚，这种集体主义在治理中体现为建立恳谈会和评议会以集思广益，也体现为员工终身雇佣和年功序列制等。同时，由于内部的集体意识也可能增加内部人控制的风险，因此，日本也很强调外在的监督，如设置独立董事和独立监事。

2. 股份制公司治理的借鉴与扬弃

股份制公司起源于中世纪的欧洲，是世界各国最为主要的企业组织形式。股份制公司的治理结构经历了漫长和广泛的实践，积累了丰富的实践经验，形成了较为成熟的模式。对股份制公司治理的研究一直是学界研究的重点和热点，1776 年亚当·斯密就在《国富论》中开始研究公司治理的问题。[①] 20 世纪 30 年代，阿道夫·A. 伯利和加德纳·C. 米恩斯的《现代公司与私有财产》更是掀起了股份制公司治理结构的研究高潮。不仅如此，各国政府也将股份制公司治理结构的规范作为行政管理的重点，纷纷出台相应的法律法规。因此，股份制公司治理结构模式是较为成熟的，美国、德国和日本相互保险组织的治理结构都充分借鉴了股份制公司治理结构模式的成熟经验。2015 年，国际保险监督官协会（IAIS）发布了修订后的《保险核心原则、标准、指引和评估方法》，甚至直接将股份制公司治理监管的核心原则运用于相互保险组织，指出股份制公司治理原则的标准也适用于互助和合作保险，将原则中的股东或利益相关方视为保单持有人即可。我国股份制公司的治理结构模式也经历了 30 年的探索，同样值得借鉴。

3. 国外相互保险组织治理的借鉴

我国的改革开放就是从向国外学习、借鉴开始的，对相互保险组织治理的研究也应如此。目前，我国的相互保险组织才开始起步，国外的相互保险组织却已有几百年的历史，并且在份额上也占有重要地位，曾与股份制公司分庭抗礼，国外相互保险组织治理也形成了较为成熟的经验，值得借鉴。

---

① 亚当·斯密. 国民财富的性质和原因的研究 [M]. 郭大力，等译. 北京：商务印书馆，1997：187.

4. 相互保险组织自身的特点

虽然股份制公司有成熟的经验可以借鉴，但不能简单照搬。如：各国相互保险组织采用了"一人一票"的决策规则，而没有照搬股份制公司股东决策的"一股一票"决策规则，根据保东缴纳的保费多少来实行"按资赋权"的规则；美国马萨诸塞州还进一步对相互寿险组织和相互财险组织的治理进行了差异化规定；日本的相互保险组织设置了投保人恳谈会和评议委员会。如上一节所述，相互保险组织在人性假设、产权关系、代理关系以及治理目标等多个方面都与股份制公司有本质上的不同，应根据相互保险组织自身的本质特点确定其治理结构和治理机制。

（二）相互保险组织治理的中国特色

1. 我国的文化特征及对相互保险组织治理的影响

历经几千年的社会发展，在道家思想、儒家文化的影响下，我国形成了独特的文化特征，支配着人们的行为。按荷兰文化学者吉尔特·霍弗斯特德的分析（见表3-2），我国的文化特征是集体主义、社会结构紧密、社会权距较大、对不确定性规避程度较弱和相对阳性，这些特征会对相互保险组织的治理产生影响。

1）集体主义特征的影响

集体主义表明社会具有紧密的结构，人们有较强的整体性思维，每个人处于复杂的关系网络和等级结构中，是多重角色的复合。人们希望自己与家族、社会融合，力图确立自身的社会定位，被动地接受与他人的关系，而非主动选择，在这样的背景下，个体价值淹没在群体之中。集体主义观念一方面有利于相互保险组织的参与者树立良好的国家、社会及组织整体利益观，增强互助利他的使命感和责任感；另一方面，如果参与者局限于组织内部的局部团体或阶段性利益，则反而可能增加组织治理的难度，如为了某各分支机构或部门的集体利益而提供虚假信息，或为了组织短期公信力的提升提供粉饰后的报告等。

表 3-2 各国霍弗斯特德文化指数得分

	社会权距 PDI	个人主义 IDV	男权/阳性 MAC	不确定性规避 UAI
美国	40	91	52	45
日本	54	45	95	92
德国	35	67	66	65
韩国	60	18	39	85
捷克	57	58	57	74
中国	80	20	65	40

资料来源：转引自曲扬. 公司治理模式与国家文化的关联性研究 [J]. 中央财经大学学报，2005（8）.

2）社会权距较大特征的影响

社会权距较大表明一个组织中的员工与领导在权力分配上极不平等，权力集中程度和领导的独裁程度较高，民主不够。相应地，领导受到的制约较少，员工只能屈从于权力，有"权力至上"的观念。权力集中的优势在于决策效率高，能及时解决组织所遇到的紧迫的问题。但权力过于集中容易导致两方面的问题：一是决策不能集思广益，容易导致决策失误；二是掌权者处于监督之外，可以为所欲为。

在我国，自古就有"普天之下，莫非王土，率土之滨，莫非王臣"的说法，君权具有至高无上的地位。在集权观念下产生了权力至上的文化，表现为三个方面的内容。一是强烈的功利意识。自奴隶社会以来，权力就与个人财富成正比，权力成为获取财富的主要手段。二是官本位思想。一切以官职大小论价值，想要获得某种利益，必须首先获得权力，由此形成人们对权力既仰慕又恐惧的矛盾心态。"在中国，一切社会资源都为权力体系所控制，任何个人和社会集团都无法离开这一体系而生存。在这种情况下，个人往往习惯于只服从权力，导致个人责任能力低下，整个社会缺乏理性和创造性生机，因而根本不去怀疑权力正当与否。"① 三是严格的等级制度，下级服从上级。在公司治理中，权力

---

① 李锡海. 权力文化与腐败犯罪 [J]. 山东社会科学，2007（1）：137.

至上观念则体现为"一把手"文化,"一把手"就是公司的"王",拥有绝对的权力,下级只是服从,制度的权威性丧失,在"一把手"面前成为摆设。

这种唯权是从的文化会对我国相互保险组织治理产生很大的影响。一是组织内部人员对管理层的监督失效,职工监事难以起到实质性的监督作用。职工处于组织内部,最了解组织情况,其掌握的信息最真实,监督作用本应最有效,但在这样的文化下难以发挥监督作用。二是容易导致内部控制体系混乱。当权力大于制度,规矩就被打破,导致组织内部缺乏互相牵制、互相监督的基础。三是组织需要更有权威性和独立性的外部监督来弥补内部监督的不足,形成强有力的全面监督态势。总体来看,必须从权力的配置上强化监督者高于或独立于被监督者的地位,只有不受"一把手"挟制的监督者才能真正发挥监督作用。

3)不确定性规避程度较弱特征的影响

不确定性规避程度较弱表明人们有较强的安全感,倾向于放松的状态,能接受存在的差异和不确定性变化,敢于开展冒险活动。敢于冒险既有利于大胆创新,突破常规,也容易出现为了利益而违法违规的冒险行为。从相互保险组织治理的角度看,敢于冒险的精神增加了组织内部人的投机行为风险,会引发更为复杂的内部人控制问题。

4)相对阳性特征的影响

相对阳性表明人们有一定程度的自信,有一定的英雄主义情结,比较注重成就感及物质上的成功。但与日本的强烈英雄主义情结相比,我国还有很大的差距。成就感分来自物质的和来自精神的,来自精神的成就感有利于相互保险组织对参与人的内部激励,来自物质的成就感也能促使组织的参与者按照经济利益激励机制努力工作,降低代理成本,但对物质上成就感的过分追求也可能增加道德风险。

上述几种文化特征又是相互影响,形成叠加效应的。比如:追求物质上的成功加上敢于冒险,就会增加违规获取物质利益的风险,如果再拥有不受制约的权力,就会使这种风险成为现实,要是还存在内部小集体主义思想,整个组织就会彻底偏离目标以致崩溃。总体上看,我国文化背景的影响对相互保险组织治理既有积极的一面,又有消极的一面。因此,在治理结构和治理机制的设计中,应充分引导积极面,遏制消极面，形成有实际治理效力的治理体系。

2. 我国股份制保险公司治理的可借鉴性有限

股份制公司治理是分析相互保险组织治理的重要借鉴素材，但我国股份制保险公司的发展较晚，公司治理体系不够完善，可借鉴性不足。我国股份制公司治理的探索从 20 世纪 80 年代才开始，1988 年，我国第一家股份制保险公司平安保险成立。1993 年第一部《公司法》从法律角度对公司的组织形式，股东大会、董事会、监事会和管理层等内部治理机构的设置，股东、董事、监事等的权利义务，决策规则等进行了规范。1995 年第一部《保险法》对保险公司的业务经营范围进行了规范。2003 年中国人寿作为第一家上市公司登陆香港资本市场，开启保险业上市之路，2006 年全面完成国有保险公司的股份制改造。中国保监会于 2006 年才制定了第一个关于保险公司治理的指引性文件《关于规范保险公司治理结构的指导意见（试行）》。从我国股份制保险公司治理的发展看，其取得了较大成绩，能为相互保险组织治理提供一些有益的经验，但总体来看，时间较短，还不够成熟，可借鉴性不足。

3. 相互保险组织的发展处于探索试点阶段

我国相互保险组织于 2004 年才在中国保监会的推动下先行试点筹建，直到 2017 年，总共也仅有几家正式开业的相互保险组织，还处于试点探索阶段，面对的现实情况较少，可用于实证分析的素材不多，不利于对相互保险组织治理的全面深入分析。

二、我国相互保险组织治理系统的具体分析框架

于东智（2002）指出："公司治理系统由以下两个部分构成：（1）一套定义有股东、经理人员、债权人、政府和其他利益相关者之间关系的游戏规则（比如，对人们各自的权利与责任的界定）；（2）一套有助于直接或间接执行这些规则的机制。其实，公司治理问题研究的内容就是如何构建有效的公司治理系统。"[①] 关于利益相关者之间权利责任的界定即为静态的治理结构，而有助于治理结构运行的机制则是动态的治理

---

① 于东智. 公司治理问题：一个概念体系的构建［J］. 东方论坛，2002（4）：122.

机制。治理结构是治理机制的基础，治理机制又反作用于治理结构，促使治理结构有效运转。相互保险组织治理系统就包含治理结构和治理机制，两者共同形成了一个系统。

（一）相互保险组织的治理结构

相互保险组织治理结构分为内部治理结构和外部治理结构，内部治理结构由组织设置的各治理机构组成，各机构间有明确的权利与责任，以实现相互制衡。外部治理结构主要靠各利益相关者的参与，组织具体的外部利益相关者不确定性较强，主要通过其治理功能的实现来参与治理。外部结构通过内部结构及治理机制发挥作用，内部治理结构是治理体系的核心基础。

（二）相互保险组织的治理机制

关于公司治理机制有多种不同的观点，如资本市场竞争机制、产品市场竞争机制、政府监管机制、激励机制、约束机制、董事会机制、独立董事机制、监事会监督机制等，这些机制相互之间又存在一些交叉重合。本书的研究主要致力于相互保险组织治理层面的基本问题，试图通过基本治理机制的构建促进相互保险组织持续健康发展。因此，将相互保险组织治理机制分为决策机制、激励约束机制、信息披露机制和监督机制四个最为基本的机制进行研究。

1. 决策机制

每一个人、每一个组织都离不开决策，个人决策关系到个人的成败，组织决策关系到组织的生死存亡。相互保险组织的每一个事项的确定都意味着决策，决策无处不在，但并不是每一个决策都会符合预期，恰恰相反，很多决策的后果都偏离了最初的设想，甚至背道而驰。因此，需要建立决策机制，将组织各环节的决策主客体及方式等各要素有机联系起来，形成良性有序的互动机制，最终实现组织的目标。否则，没有决策机制，组织就会瘫痪。相互保险组织有经营层面的决策机制，也有治理层面的决策机制，本书重在分析治理层面的决策机制，即相互保险组织的重要利益相关者及其在组织中的代理人如何进行有效决策，以确保经营层的决策实施保持正确的方向。决策机制是相互保险组织治理的核心机制，能有效解决组织的领导和战略问题。

2. 激励约束机制

激励是促动、激发、鼓励。激励为组织提供动力，约束则起着刹车的作用。激励约束机制对相互保险组织治理参与者的行为提供动力，促动其向着有利于组织目标实现的方向有力地行动，同时通过负激励减小参与者有损于组织目标实现的行为动力，或通过制约制止其负面行为。激励约束机制能有效解决组织发展的动力和方向问题。

3. 信息披露机制

田国强指出："在经济学文献中，经济学家认为一个好的经济制度应满足三个要求：它导致了资源的有效配置；有效地利用了信息；能协调各个经济单位的利益。"[①] 相互保险组织治理的目的是解决代理问题，而代理问题的产生，一方面是委托人与代理人目标函数的差异，另一方面则是信息的不对称。一旦信息问题不存在，代理问题也将随之消亡。因此，信息的披露是其他机制的基础，良好的信息披露机制能促进组织治理各机制有效性的提高。尤其是相互保险组织以保东问责和公共问责为治理的目标，更需要良好的信息披露机制来提升公信力，建立与资金提供者的良好关系，促进组织持续发展。

4. 监督机制

没有监督的权力必然会导致腐败，没有监督的信任等于放任。通过监督，对组织参与者进行约束，禁止其负面行为，是其他各治理机制的有力保障。监督机制属于环境层面的机制，能从组织内部和外部两个方面为其他各机制的有效运转提供一个温床，是相互保险组织发展的基本保障。

---

① 赫维茨，瑞特. 经济机制设计 [M]. 田国强，等译. 上海：格致出版社，上海三联书店，上海人民出版社，2009：4.

第四章　相互保险组织的内部治理结构

治理结构是治理机制运行的载体，相互保险组织治理结构分为内部治理结构和外部治理结构。外部治理结构包括组织外部所有的相关利益主体等治理参与者，涉及范围较为宽泛。内部治理结构指相互保险组织内部治理结构的设置及权力和职责配置。外部治理结构最终通过内部治理结构发挥作用，内部治理结构也是重要利益相关者参与内部治理的重要路径，是相互保险组织治理的基础。

第一节　相互保险组织内部治理结构的基本框架

一、内部治理结构有效性的影响因素

（一）剩余索取权和剩余控制权的匹配性

内部治理结构是重要利益相关者参与组织治理的载体，是联结重要利益相关者与经营者的纽带，重要利益相关者通过对内部治理结构中相关机构的控制和影响来实现其权利。因此，有效的内部治理结构设置应能使剩余索取权和剩余控制权保持良好的匹配性，保障重要利益相关者能有效地行使其控制权，对经营者的经营行为实施控制。内部治理结构的构成人员应由重要利益相关者委派，并能以恰当的比例保持利益相关者之间的制衡与协同。

（二）与外部治理结构的匹配性

美国公司治理中由于市场治理结构发达，因此采取了市场主导模式，内部治理结构更多的是两职合一的领导权结构。德国的外部市场治

理不够发达，则采取了两职分离的领导权结构。内部治理结构和外部治理结构共同组成相互保险组织的整体治理结构，两者应相互协调，互相补充，弥补缺陷。

（三）内部治理结构间职责的界定与权力制衡

内部治理结构的设置实际上是对治理层面的组织结构进行职责界定与权力配置。应合理地对组织的最终控制权、决策权、监督权及执行权进行分配，使各机构既能很好地协同，又相互制衡，确保其行为与治理目标保持一致。

二、国外相互保险组织内部治理结构的考察

（一）美、德、日相互保险组织内部治理结构的实例

1. 美国万通相互人寿保险公司的内部治理结构

万通相互人寿保险公司 2013 年保费收入近 200 亿美元，市场份额在美国相互人寿保险公司中排名第二。万通相互人寿保险公司在内部治理结构上设置会员大会、董事会和管理层。会员大会是公司的最高权力机构，有权决定董事会人选，会员包括保东和保证资本提供者。董事会必设审计和人力资源委员会，其他委员会可根据情况调整。目前下设审计、执行、人力资源、投资和公司治理 5 个委员会。董事会由 7～21 名成员组成，至少 75％的董事会成员为独立董事，每个董事会委员会的全部或大部分成员为独立董事。审计委员会和人力资源委员会的所有成员都必须是独立董事。董事会中可以只有兼任首席执行官的董事会主席是唯一的非独立董事。万通相互人寿保险公司 2016 年年报显示，该公司共有 12 名董事，其中 1 名董事长同时也兼任 CEO。[①]

2. 德国哈格尔相互保险公司的内部治理结构

哈格尔相互保险公司的总部设在吉森，已有 190 年的历史，主要从事农作物、蔬菜、水果等种植业保险业务，有约 11 万名会员，2015 年保费收入 1627 万欧元，公司总资产 1160 万欧元。哈格尔公司设立会员代表大会、监督董事会、管理董事会。公司章程规定：会员代表大会是

---

① 万通相互人寿保险公司 2016 年年报，https://www.massmutual.com/about-us.

公司的最高机构，由根据合同确定资格的保单持有人组成；监督董事会应当包括 15 个成员，其中至少 12 人为公司会员，监督董事会的构成应确保该公司所有成员的区域代表性，监督董事会成员由地区会员大会提名。根据提名，监督董事会最终由会员代表大会以简单多数选票的方式无记名投票选举产生。2015 年公司 15 名监督董事会成员全部为公司会员，分别为 1 名果农、1 名酿酒师、13 名种植农民。监督董事会有确定管理董事会成员及其薪酬、审查公司相关报表和报告等权力。管理董事会至少有两名成员，监督董事会成员与管理董事会成员互不兼任。2015 年公司管理董事会有 2 人，1 名主席，1 名成员。①

3. 日本生命保险相互会社的内部治理结构

日本生命保险相互会社成立于 1889 年，是日本最大的人寿保险公司。截至 2015 年 3 月已拥有 1150 万投保人，3.42 万亿日元初始运营资金。该会社设总代会、董事会、监事会。总代会成员从投保人中选出，是会社的最高权力机构，人数约为 200 人，有章程修改、利润分配方案、董监事选举、合并转制解散等重要事项审议和表决权。董事会根据总代会决议行使重大经营决策权。根据该会社 2014 年年报，董事会有 19 人，其中 4 人为外部董事，董事可同时兼任经理。董事会下设多个委员会和管理委员会。监事会负责监察董事及会计参与人的职务执行情况，还讨论关于公司审计的重要问题并作出决议，2014 年有 5 名监事，其中有 3 名独立监事。日本生命保险相互会社自 1975 年开始还设置了投保人恳谈会，参会者包括会员代表和董事，作为公司介绍经营活动和听取投保人意见和要求的平台。另外还设置了评议委员会作为经营咨询机构，由会员代表从会员或专家中选出评议员组成，一般在 25 名成员以内，就董事会向其咨询的事项陈述意见，审议成员意见，向成员代表大会报告。②

（二）美、德、日相互保险组织董事会制度组织模式比较

首先，董事会都处于会员大会的领导下，会员大会是公司的权力机构，对公司重大事项有决定权。但是，在会员的组成上存在差异，美国

---

① 哈格尔相互保险公司 2015 年年报，公司官方网站 www. hager. com.
② 日本生命保险相互会社 2014 年年报，公司官方网站 www. nissay. co. jp.

是包括保东和保证资金提供者，德国和日本则只有保东。

其次，机构设置上有差异。美国是单层结构，执行董事和非执行董事同处于一个董事会，且非执行董事占比较大，马萨诸塞州保险法规定保东董事占比不低于 2/3，保证资本提供者可确定不超过 1/3 的董事。德国是双层结构，执行董事和非执行董事分别处于不同的机构，非执行董事组成监督董事会，执行董事组成管理董事会，监督董事会以监督为主，但保留重大事项决策权。日本是并列式结构，分为董事会和监事会，董事会与美国类似，既有内部董事又有外部董事，但不同的是内部董事占比大，外部董事占比小，导致监督力度弱化。因此，需要设置监事会以增强监督，这与德国的监事会类似，但又不具备德国监事会所拥有的重大事项的决策权，只能监督，不能决策。

最后，成员的产生上有差异。美国是董事会成员都由会员大会决定。德国的相互保险公司仍然遵循《共同决定法》和《三分之一决定法》，只要职工人数超过 500 人，就有相应规定数量的员工代表进入监事会。从实践来看，德国的相互保险公司实力总体偏弱，公司职工规模较小，很少有职工人数超过 2000 人的，甚至有不少公司职工人数少于500 人，因此会员的单边治理在德国相互保险公司中也较为普遍，哈格尔相互保险公司员工人数就少于 500 人，因此监督董事会中并没有员工代表。日本的董事会和监事会成员都由会员大会确定。

三、我国相互保险组织内部治理结构的基本框架

美国、德国和日本相互保险组织内部治理结构的设置总体分为两个层次：一是权力机构，即会员大会，是剩余索取权和剩余控制权所有者行使权力的机构；二是信托责任机构，即董事会（监事会）以及管理层，接受剩余索取权和剩余控制权所有者的委托，代为行使控制权。"控制权可分解为决策、经营及监督等几个方面，从而相应地出现决策控制权、经营控制权和监督控制权的划分，他们在协调公司资源配置上各自发挥着独特作用。"[①] 同理，我国相互保险组织内部治理结构的设置也应从这两个层面考虑。

---

① 周军，卢山. 论公司控制权的基本涵义和特征 [J]. 企业经济，2011（4）：57.

（一）权力机构

美国相互保险组织的会员大会由保东和保证性资金提供者组成，德国和日本相互保险组织的会员大会仅由保东组成，都只体现了部分重要利益相关者的权利，剩余索取权与控制权之间的匹配性不高。权力机构是重要利益相关者参与内部治理、行使权力的场所，因此权力机构应由重要利益相关者构成。与股份制公司相比，相互保险组织的重要利益相关者在目标取向方面更为复杂，不同类别的重要利益相关者有不同的目标，行使权力的规则也不同，因此，为更好地体现各类主体的诉求，需要分别设置相应的机构。根据本书第二章的分析，相互保险组织应设置保东（代表）大会作为保东行使权力的机构；保证性资金提供者会作为全体保证性资金提供者行使权力的机构；职工委员会作为职工行使权力的机构；银保监会作为政府代表参与内部治理，但作为行政机构不能直接介入具体的治理，不能设置相应的权力机构，但可以以介入董事会、监事会人员选聘的方式参与内部治理。

（二）信托责任机构

信托责任机构是接受权力机构的委托，行使决策控制权、监督控制权和经营控制权，对组织的具体经营管理进行控制。从美、德、日三国相互保险组织的内部治理结构可以看出，信托责任机构有不同的结构模式：美国是决策权和监督权合一，由董事会行使，经营控制权由管理层行使。德国是监督控制权由监督董事会行使，决策控制权和经营控制权由管理董事会行使。日本则是决策控制权、监督控制权和经营控制权三者由董事会、监事会和管理层分别行使。因此，我国相互保险组织应采取怎样的结构模式需要深入分析。

第一，从我国股份制公司信托责任机构的结构模式实践进行分析。根据我国《公司法》规定，股份制公司设股东大会、董事会、监事会和经理。股东大会是公司最高权力机构，经理负责日常经营，董事会负责执行股东大会决议以及选聘、考核经理，决定战略决策和执行控制，监事会负责对董事会和经理的监督。权力机构、决策机构、监督机构和执行机构分设。在各机构人员的配置上，执行机构的人员由决策机构决定，监督机构和决策机构平行，人员都由权力机构确定。这样的三权分立有助于各机构各司其职，值得借鉴。但在具体实施中也存在缺陷：首先，监事会与董事会处于平级地位，董事会掌握着人、财、物的实权，监事会没有支撑其履行监督职责的支持系统，很难发挥实际的监督作用。项俊波在《中国保险业公司治理与监管报告》中指出："从实际运行看，监事会开会少，议题很少涉及公司经营管理实质内容，表决从未提出异议。监事会也没有针对公司经营管理决策、重大投资、内控审计体系建设等开展过监督行为。"[①]　其次，决策机构和执行机构可以重叠，如《公司法》规定"有限责任公司可以设经理"，言下之意即可以不设经理，由决策机构同时负责执行。股份有限公司虽然依照规定设经理，但董事会由执行董事和非执行董事共同构成，有的公司执行董事占比还较大，这也导致董事会难以保持决策的独立性，比如对经理层人员进行考核奖惩方面的决策。尤其是在领导权结构的设置上，可以实行"两职合一"的领导权结构，虽然现代管家理论（Stewardship Theory）认为"两职合一"使董事长直接参与公司日常管理，更能充分掌握公司的经营管理情况，可以提高决策效率，也能提高领导权威，减少管理中的矛盾，但委托—代理理论则认为一旦董事长与总经理"两职合一"，董事会将被管理层控制，难以发挥监管作用。陈晓珊和匡贺武（2018）采集2003—2015年上市公司的数据，从管理层权力的角度实证检验了"两职合一"对高管的薪酬和业绩之间敏感性的影响，结果显示"两职合一"并不能提高治理效应，认为"两职合一"会加重代理问题，并建议保持董事会的独立性。[②]　因此，我国相互保险组织要很好地吸纳股份制公司决策、执行、监督分立的形式，但还要将其落到实处，形成好的结构，克服其缺陷。

第二，从国外相互保险组织信托责任机构设置差异的原因进行分析。美国相互保险组织的单层董事会模式将执行董事和非执行董事放在一起，强调了决策和执行的衔接，同时又有独立董事强化监督。这种组织模式源自以发达股权市场为背景的股份制公司治理模式，即以发达的外部治理弥补内部监督的不足。虽然相互保险组织没有发达的股权市

① 项俊波. 中国保险业公司治理与监管报告［M］. 北京：中国金融出版社，2015：160.
② 陈晓珊，匡贺武. "两职合一"真正起到治理作用了吗？［J］. 当代经济管理，2018（4）：28.

场，但有较为健全的外部监督体系，也能弥补内部监督的不足。我国相互保险组织的外部监督体系是较为薄弱的，保东的监督积极性又比股份制公司的中小股东还弱，因此不适合。在德国的双层董事会组织模式中，管理董事会人员由监督董事会确定，并且监督董事会和管理董事会人员互不兼任，强调监督董事会的权威，这一点是值得借鉴的。但监督董事会仍然有重大事项决定权，这就涉及如何对监督董事会进行监督的问题。日本设置了独立的监事会，其成员还强调外部监事，突出了更为独立的监督力度，值得借鉴。但董事会对管理层人员进行考评聘用，同时董事会成员和管理层的重合度高，使得决策和执行分离不够，不利于董事会对管理层的考评。

第三，从我国的文化特点对相互保险组织治理的影响进行分析。我国"社会权距较大"的文化特征容易导致权力滥用，"不确定规避程度较弱"和"相对阳性"的文化特征又容易导致权力拥有者敢于冒风险去实现自己所谓的价值目标，或是英雄主义的精神价值，或是实实在在的经济利益甚至社会荣誉的提升。这些特征的叠加更容易导致权力拥有者的行为偏离组织应有的路径。因此，需要更多的约束、更强的监督。

第四，从我国相互保险组织自身的特点进行分析。一方面，与股份制公司相比，相互保险组织剩余控制权人参与治理的积极性不高，"搭便车"行为更为突出。另一方面，股份制公司面对激烈的市场竞争，更加强调决策的及时性，以应对瞬息万变的市场，在决策效率方面"两职合一"的领导权结构有其一定的优势。相互保险组织在这方面的要求则相对较弱，就更适合"两职分离"。再者，与国外相互保险组织相比，针对我国相互保险组织的政府、社会等外部监督体系尚未建立健全，比如相互保险组织还没有法律身份，因此，我国相互保险组织比股份制公司以及国外的相互保险组织都更需要强调监督与制衡。

综上分析，我国相互保险组织信托责任机构应分设董事会、监事会和管理层。董事会主要履行决策职能，同时配置以确保决策执行有效为目标的监督职能，确定管理层人选及进行战略决策，并对管理层的履职和战略的执行进行监督控制。监事会履行独立的监督职能，不仅对管理层进行监督，还将董事会纳入监督对象，对董事会的决策行为进行约束。管理层负责组织的日常经营管理，执行董事会的决策。在董事会的设置上，类似于德国的监督董事会，即董事会与管理层不兼任，尤其是领导权结构采取"两职分离"的结构，保持决策和执行的分离与独立，强化决策者对决策执行的监督控制。在德国模式的基础上，增设监事会，这又类似于日本的监事会，独立行使监督权，包括对董事会的监督。在董事会和监事会内部机构的设置上，还应充实具体的委员会或分部负责机构，通过内部机构的充实，使董事会和监事会都能切实履职。

第二节　我国相互保险组织内部治理结构的实证分析

一、内部治理结构

（一）阳光农业相互保险公司的内部治理结构

根据章程，阳光农业相互保险公司（简称阳光农业）的组成成员包括发起会员、法定会员和特定会员。会员拥有选举与被选举为会员代表、监督公司经营、对公司提出建议和质询等权利。法定会员和发起会员是公司的所有人，有获得保险理赔和分享红利的权利，还有保险公司终止或清算时参与剩余财产分配的权利。特定会员不是公司所有人，没有分享收益的权利。法定会员和特定会员按照保险合同约定缴纳保费，并以所缴纳保费为限对保险公司承担责任。发起会员有确定董事长人选的权利。特定会员的资质要求未作规定，既没有要求有保险合同关系，也没有要求提供运营资金，仅要求其为专家的身份，从目前特定会员的实际成员看，均为公司内部经营管理人员。[①]

2005 年阳光农业成立时，由黑龙江农垦局作为发起人，会员有 8 个农垦分局、94 个农场、8200 个家庭农场。2009 年黑龙江农垦实行政企分开后，发起会员整合为黑龙江农垦集团。黑龙江农垦集团负责筹集了 1.2 亿元运营资金，按照章程，还将根据公司发展计划及偿付能力要求增加运营资金。在内部治理结构的设置上，阳光农业设置了会员代表

---

① 庹国柱，朱俊生. 对相互制保险公司的制度分析——基于对阳光农业相互保险公司的调研[J]. 经济与管理研究，2008（5）.

大会、董事会、监事会和管理层。具体如下：

会员代表大会分为两级：公司会员代表大会和省级会员代表大会。省级会员代表由各省级分公司所属会员按照"一人一票"的原则选举产生，代表名额不低于 41 人。公司会员代表大会由各省会员代表大会产生，是公司的最高权力机构，人数不低于 51 人，任期 3 年。公司会员代表包括发起人会员、法定会员和特定会员的代表，其中法定会员代表不低于代表总数的 50%。

董事会是公司的决策机构，共有 9 名成员，包括发起会员董事、法定会员董事、特定会员董事，由会员代表大会主席团提名，提交会员代表大会选举产生。独立董事 3 人，由上届董事会提名。董事的当选需 2/3 的会员代表出席并有过半票数。董事会设审计委员会、提名薪酬委员会、战略投资委员会三个专业委员会，并未规定哪些专门委员会必须由独立董事担任。

监事会是公司的监督机构，有 3 名成员，由会员监事和职工监事组成，但并未规定职工监事的占比，没有明确法定会员是监事的必定候选人。会员监事由公司会员代表大会确定。监事会有公司经营的监督权，并可依照《公司法》代表公司对董事、高管提起诉讼。

公司管理层由董事会任免，负责公司日常经营管理。2016 年公司管理层由 5 名成员组成，4 男 1 女，总经理也是董事会成员。其中 3 名成员来自发起会员——原黑龙江农垦集团的调动，1 名成员从人保财险引进，1 名成员为公司内部提拔。

（二）众惠财产相互保险社的内部治理结构

众惠财产相互保险社（简称众惠财产）由永泰能源等 10 家公司及 2 名自然人提供初始运营资金借款 10 亿元成立，由承认并遵守章程、投保本社会员保险产品的投保人组成。会员包括发起会员和一般会员，两者拥有同等权利义务，与阳光农业的发起会员和法定会员的权利义务基本一致，但没有给予发起会员确定董事长的权力，其中发起会员需在会员代表大会中保持一定的比例。初始运营资金提供者如果同时是会员，则享有会员的权利义务；如果不是会员，则除可根据相关协议及本章程的约定收取本息外，不享有其他收益分配权或任何与本社经营决策等相关的权利。众惠财产内部治理机构的设置如下：

会员代表大会由全体会员选举代表产生，每届会员代表人数不少于21人。会员代表可由董事会提名、监事会提名或1/10以上会员联名提名，然后经会员投票选举确定。

董事会是决策机构，由7名董事组成，由会员代表大会票决确定。其中，执行董事和独立董事由上届董事会提名或由超过1/3的会员代表联名提名；会员董事由会员代表提名，每名会员代表仅能参与提名1名会员董事候选人，会员董事候选人不足两名时，由上届董事会补充提名。执行董事比例不得超过1/2。董事会下设审计与风险管理委员会等四个专业委员会。

监事会的构成和监事的权利与阳光农业类似。

（三）信美人寿相互保险社的内部治理结构

信美人寿相互保险社（简称信美人寿）由蚂蚁金服等9家公司提供初始运营资金借款10亿元成立，所有权归向保险社投保的投保人会员所有。会员的权利和义务基本与众惠财产一致。保证性资金提供者的权利也与众惠财产类似。信美人寿内部治理机构的设置如下：

会员代表大会是组织的最高权力机关，由45名会员代表组成，代表可由董事会或1/10以上的会员共同提名，全体会员选举产生。

董事会是决策机构，由7名非独立董事和4名独立董事构成。非独立董事由1/5以上的会员代表提名1名候选人，其中每个会员代表仅有一次共同提名权；或由董事会提名，或两名以上董事共同提名，然后经会员代表大会选举产生。独立董事至少两名且占董事会的1/3以上，独立董事由董事会提名或两名以上董事共同提名，经会员代表大会选举产生。董事会下设审计与风险管理和资产负债管理委员会等4个专门委员会。董事成员可兼任高级管理人员。

监事会的构成和监事的权利与阳光农业类似。

（四）汇友建工财产相互保险社的内部治理结构

总体上，汇友建工财产相互保险社（简称汇友建工）的治理结构与信美人寿的治理结构类似，但有以下差异：会员代表大会有25名代表；董事会由6名会员董事、1名职工董事和4名独立董事组成；监事会有3人，由会员代表监事、职工监事和外部监事各1人组成。

二、内部治理结构存在的问题

（一）没有给保证性资金提供者配置内部治理权，不利于相互保险组织筹集资金

从相互保险组织章程的规定来看，除阳光农业仅赋予提供初始运营资金的农垦集团内部治理权外，其他相互保险组织都只赋予保东内部治理权，没有赋予保证性资金提供者内部治理参与权。20 世纪 90 年代以来，相互保险组织出现了"非相互化"的浪潮，市场份额从 1989 年的 66％下降为 2007 年的 23.7％，其中一个主要原因就是"相互制保险公司的融资较为困难"①。随着世界经济的一体化，保险业的竞争越来越激烈，需要快速扩张，股份制保险公司可以通过证券市场筹集大量资本，而相互保险组织的主要资金来源是作为投保人的保东，融资速度慢，难以满足竞争所需，不得已才转化为股份制保险公司。保证性资金是相互保险组织筹集资金的一个重要渠道，在组织成立初期是必不可少的，在组织发展期间，由于面临激烈的竞争市场，保证性资金也非常重要。因此，必须有良好的机制能获得该类资金。但是，目前几家相互保险组织在实际操作中采取了初始运营资金提供者也同时成为保东的方式，赋予了保证性资金提供者参与内部治理的权力，一旦保证性资金提供者不愿再投保就会失去治理权。另外，后续投入资金的保证性资金提供者如果未投保，也不是会员，不会拥有内部治理权。由于保证性资金的本息偿还顺序在保东理赔收益之后，如果不采取措施，保证性资金提供者的本息就无法得到保障，当保证性资金提供者事前预料到这种结果时，就不会愿意投入这类专用性资产，这将影响组织经营的安全与发展。这说明如果不调动保证性资金提供者提供资金的热情，相互保险组织的发展将可能受到严重影响。

（二）内部治理权的配置未能很好地解决相互保险组织"外部性"引发的问题

保险业本身是一个外部性很强的行业，相互保险组织的外部性又更

---

① 何小伟，闫晓旭. 国际保险业的"非相互化"：动因、影响及借鉴［J］. 保险研究，2016(5)：4.

强。无论是提供的保险产品还是其"互助"理念，都具有广泛的社会性，一旦经营管理不善，会带来不良的社会影响。虽然有保险监管机构等政府部门对保险业进行监管，但这种监管属于外部监管，未介入组织内部，属于外部治理，存在事后性和间接性的弊端。

（三）保东代表、保东董事和监事及独立董事的确定容易被操控

几家相互保险组织的一些重要治理人员的提名方式容易被董事会操控。如信美人寿，"会员代表候选人可以通过以下几种方式提名：（一）董事会提名；（二）十分之一以上的会员共同书面提名"，"非独立董事通过以下方式提名：（一）五分之一以上的会员代表可以共同提名一名非独立董事候选人，其中每个会员代表仅有一次共同提名权；（二）董事会提名或两名以上董事共同提名"，"独立董事可以通过董事会或两名以上董事共同提名"。从以上章程可以看出，保东代表、保东董事、保东监事以及独立董事多数都是由会员代表、董事会或监事会提名。一般情况下，在需要经过大量分散人员进行投票决定的事项中，提名权往往是最为关键的，谁拥有提名权往往就在实质上取得了决定权。会员代表、董事会或监事会本来是属于被管控、被监督的对象，由他们提名监督者，容易导致"合谋"行为的发生。

第三节 相互保险组织内部治理结构的构建

一、相互保险组织内部治理结构的成员构成

（一）权力机构的构成

保东大会由全体保东组成，保东数量过于庞大以至于技术条件难以支持保东直接行权时，可设保东代表大会，保东代表大会则由保东选举代表组成。

相互保险组织在成立初期需要通过借款筹集初始运营资金，在经营过程中也会涉及通过发行债券或定向募集等方式筹集保证性资金，这些债权型资金提供者就组成了保证性资金提供者会。

职工委员会由全体职工组成，但要排除高管，以防止职工委员会被高管操纵，不能真实表达职工意思。德国的职工委员会甚至把中层管理人员也排除在外。数量过于庞大的情况下，也可由职工选出代表组成职工代表委员会。

（二）董事会的构成

参与内部治理的重要利益相关者通过委派自己的董事进入董事会，以参与组织治理，因此董事会应由重要利益相关者委派的人员组成。根据前文分析，相互保险组织的重要利益相关者有保东、保证性资金提供者以及政府，因此，董事会由保东委派保东董事、保证性资金提供者委派保证性资金提供者董事，以及政府参与下确定的独立董事构成。保东董事和保证性资金提供者董事的定位比较简明，独立董事的定位需要梳理。

独立董事起源于 20 世纪 30 年代的美国，由于当时许多基金失败，美国证券交易委员会（SEC）调查发现投资公司主要是为关联人谋利，因此美国国会出台《投资公司法》对关联董事占比进行限制。20 世纪 70 年代美国发生了一系列关于环境污染、贿赂、劣质产品等问题，SEC 和各证券交易所开始着手改革董事会结构，要求投资公司以外的公司也应在董事会中设置独立董事，组成审计委员会，这些独立董事不得与管理层有任何影响他们独立判断的关系。我国于 2001 年在上市公司中推行独立董事制度，中国保监会于 2005 年出台的《保险公司独立董事管理暂行办法》第三条对独立董事的目标定位是"应当诚信、勤勉、独立履行职责，切实维护保险公司、被保险人和中小股东的合法权益"。

1. 相互保险组织独立董事的设置与目标定位

与股份制公司相比，相互保险组织的发展有更强的外部性，对社会的影响更大，因此，更需要设置独立董事来制衡其他董事，来对其他董事进行制衡，防止其他董事出于其委托者的利益或自身利益而损害弱势群体、组织及社会的利益。独立董事的目标定位恰恰与政府的治理目标一致。

2. 独立董事与保东、保证性资金提供者及政府间的关系

保东董事是保东的代理人，按照保东的要求参与决策，保证性资金提供者董事按保证性资金提供者的要求参与决策，那么独立董事应该是谁的受托者，按谁的要求参与决策？由于独立董事的目标定位与政府的治理目标一致，因此其肯定是政府的受托者，但这并不能认为独立董事就不是保东和保证性资金提供者的受托者。独立董事代表的是最广大利益相关者的利益，将其目标具体化就是维护相互保险组织自身实体的持续健康经营，这是和保证性资金提供者的基本利益一致的，如果组织不能持续健康发展，保证性资金的本息就无法得到偿付。从保东利益来看，独立董事的目标更与其利益相吻合，因为保东就是广泛散落于社会中的一员。当然，独立董事的目标虽然与保证性资金提供者和保东的利益在总体上一致，但他们并不完全相同，在不同时间、不同事项上会存在冲突。

（三）监事会与管理层的构成

根据前文的分析，保东、保证性资金提供者、政府以及雇员应参与组织的内部监督，监事会成员应分别来源于这些利益相关者的委派。因此，相互保险组织的监事有保东监事、保证性资金提供者监事、职工监事和独立监事。独立监事类似于独立董事，不受其他任何个人和团体的干扰，独立行使监督权力。日本《公司法》规定公司监事会必须有半数以上的独立监事，日本的相互保险组织一般也在监事会中设置独立监事，如日本生命保险相互会社 2014 年的 5 名监事成员中就有 3 人为独立监事。管理层是董事会决策的执行机构，其成员由董事会聘任组成。

二、董事会和监事会成员的产生

董事和监事如何产生是相互保险组织董事会制度能否有效运行的关键环节，有良好的产生机制才能确保信托责任的履行。

（一）保东董事（监事）的产生机制

保东董事（监事）是保东在相互保险组织中的代理人，保东无法直接对组织的经营事项进行决策和监督，只能通过对保东董事在董事会决策和监事监督中的影响来表达自己的意愿，因此，保东董事（监事）的

确定对保东至关重要，只有确定了能够执行自己意愿的董事，才能延伸自己的控制权，保障自身利益。保东董事（监事）的产生应有一套完善的选拔程序。

1. 广泛宣传

保东本来参与治理的积极性就不高，保东数量又很庞大，容易造成很多保东对公司事务不知晓的情况，因此，在选聘董事（监事）时，应进行广泛宣传，以引起广大保东的重视。宣传的内容也应全面、简练，包括董事（监事）选聘对保东的影响、董事的任职资格要求、投票方式、程序以及董事（监事）的工作内容、目标要求、薪酬考核等。宣传的形式可以多种多样，可通过公函、电话或短信方式直接通知到每个保东，并取得已收悉的回复。

2. 公开报名

公开报名是实现真正民主的关键。保东参与治理的积极性不高，要么不参与，要么随波逐流，仅通过简单投票完成程序。在这种情况下，谁成为候选人就容易获得大家的投票，候选人提名方式就极为重要。很多类似的选举都采取了候选人的提名模式，如股份制公司的股东大会一般采取由大股东或董事会提名委员会成员的方式，阳光农业就采取了主要发起保东提名的方式。这种方式无疑影响了独立性和公正性。因此，相互保险组织保东董事（监事）的选聘应采用公开报名的方式，凡是符合条件的保东均可自行报名。这样既切断了保东董事与提名者的关联，又增强了保东的参与度，扩大了候选人的范围，有利于选聘到更为优秀的董事（监事）。

3. 资格审查

候选人公开报名后，对每位候选人进行资格审查，按照事先制定的任职资格进行筛选，将所有符合条件的候选人保留下来。对资格审查的结果也应通过报纸、公函、电话、短信等方式进行公告公示，接受所有保东的监督。

4. 公推候选人

确定候选人后，应对候选人进行广泛宣传，通过公告形式将候选人的学历、职称、过往任职经历、业绩、违法违纪处罚情况、专业特长、社会关系资源等多方面情况进行全面的介绍。召开推荐会，邀请候选人参加竞聘演说，提出自己的施政思路。还可以鼓励候选人通过制作视频、巡回演讲等方式来主动宣传自己，争取选票。

5. 公开投票

候选人的公推结束后，组织统一的公开投票。直选的由所有保东投票，代议制的由保东代表投票，投票过程必须保持公开透明。保东（代表）的有效票数应超过 2/3，当选董事的得票数应超过有效投票数的 1/2，并按票数从多到少的顺序选聘，如不符合要求应进行再次票决，最终对结果进行公示，若无异议或核实无疑问，则确定为当选董事（监事）。由于保东聚集到一起进行投票的成本较高，应创新运用网络投票等方式，为保东投票提供便利，提高保东的参与度。

6. 承诺上岗

经公开投票确定董事后，向董事（监事）签发聘书，对董事（监事）的责任、义务、权限、薪酬等进行书面约定。

（二）保证性资金提供者董事（监事）的产生机制

保证性资金提供者董事（监事）是一个时有时无的不确定性董事，当相互保险组织没有保证性资金时，就不需要设置该类董事（监事），但如果相互保险组织存在保证性资金，就应该设置该类董事（监事），以维护保证性资金提供者的利益。保证性资金提供者董事（监事）由债权型保证性资金提供者会按照类似于股份制公司股东大会的方式采取"资金份额民主制"票决选聘。一般也是由提供资金量大的提名，然后投票决定。

（三）独立董事（监事）的产生机制

由于独立董事（监事）与政府、保东和保证性资金提供者之间的特殊关系，以及政府不能直接参与各类组织和公司具体经营管理的特殊性，独立董事（监事）的产生也较为特殊，需要多方参与，共同完成，确保独立董事（监事）的独立性。

第一，由政府保险主管机关（银保监会）建立独立董事专家库。银保监会制定入库资格、条件以及入库后的基本工作要求，在全国范围内公开招募人才，符合条件的人才均可报名。银保监会只作客观审核，不作主观评审，凡符合要求的均可入选人才库。入库后，由银保监会面向社会进行公示，无异议则正式入库。

第二，相互保险组织需要选聘独立董事时，向银保监会申请。银保监会在人才库中发出选聘公告。由库中专家根据组织要求和自身情况报名参与竞聘，竞聘者可以举办巡回演讲，赢取选票。

第三，由保东和保证性资金提供者投票选举，选举中实行"一个身份一票"。董事、监事、高管等与组织存在重大利害关系的单位或个人不得参与投票。投票结果应进行公示，经银保监会审核选举过程无违规行为后正式确定人选。

第四，由相互保险组织与独立董事签订聘任书，明确职责、薪酬待遇、违规责任等事项。

（四）职工监事的产生机制

职工监事由职工委员会独立选举产生。职工监事的身份较为特殊，因为其职位低于经营者，即出现了监督者职位低于被监督者的情况，从实际运行来看，职工监事很难真正起到监督作用。为此，职工监事的产生应尽可能保持独立性，防止被经营层影响。具体选聘上应采用与独立董事类似的方式，首先是将股份制公司职工监事选聘中的提名方式改为自荐方式，不再由工会、管理层或党委提名，而是由职工根据所设定的条件和要求自己报名竞聘。目前我国股份制保险公司的职工监事采取提名的方式，选聘的结果基本都是公司审计部、合规部、办公室、党群部等职能部门负责人，这些人直接受经营者领导，显然难以发挥监督作用。审核通过后进行公推，由竞聘者自我推荐拉票，然后由职工无记名投票，最后经审定后签订聘用协议。

三、董事会和监事会成员的行为依据

（一）保东董事的决策依据：保东意见

保东董事在董事会中发表的意见代表保东的意见，因此，保东董事参与决策的依据是保东的意图，为有效传递保东的意图，必须实行保东民主制，让所有保东平等地参与决策和管理。票决制和协商制是保东民主制的两种重要形式。

1. 票决制

对于一些重要事项，必须通过保东投票形成决议，然后由董事按照决议在董事会决策中表达意见。德国相互保险公司保东大会应表决的事项有：选举监事会中的成员代表；关系到保费、保险偿付和保险基本条款的章程修改；经 3/4 以上多数同意，授权公司发行享用权债券；经 3/4 以上多数同意，转移公司的主要保险业务；经 3/4 以上多数同意，解散公司。我国相互保险组织保东大会应在以下几个方面表决达成意见：一是监事、董事人选聘任与解聘以及考核薪酬，二是中长期战略规划，三是章程修订，四是增加保证性资金的进入与退出，五是利润分配，六是组织合并分立与解散，七是重大投资及资产处置，八是董事会、监事会报告。

票决制一般以保东（代表）大会年度会议的形式，由董事于次年上半年定期组织召开。召开前应提前将决议事项向保东（代表）公布，并对存在的疑问进行解答。保东也可以发起召开临时保东大会，日本相互保险公司规定成员总数 1/1000 以上的成员或有 1000 名以上六个月之前至今为成员者，拥有召集成员大会的请求权。

2. 协商制

协商制是保东之间按照一定的程序进行自由交流、对话、讨论，以协商的方式来参与决策或提供意见。协商制是 20 世纪强势兴起的一种民主理论。詹姆斯·博曼认为："公共协商就是交换理性的对话性过程，目的是解决那些只有通过人际间的协作与合作才能解决的问题情形，协商与其说是一种对话或辩论形式，不如说是一种共同的合作性活动。"[1]乔舒亚·科恩认为："协商民主是一种作出具有约束力的集体决议的制度，协商民主意味着平等的个人基于公共理性进行协商，以此形成具有普遍约束力的集体选择。"[2] 与国家公民体系类似的保东体系也应充分借鉴协商制，使广大保东参与相互保险组织的治理。日本相互保险公司

---

[1]　詹姆斯·博曼. 公共协商：多元主义、复杂性与民主 [M]. 黄相怀，译. 北京：中央编译出版社，2006：25.

[2]　乔舒亚·科恩. 民主与自由 [M] //约·埃尔斯特. 协商民主：挑战与反思. 周艳辉，译. 北京：中央编译出版社，2009：184-185.

一般还成立专门的沟通部门，如日本生命保险相互会社自 1975 年开始每年举行投保人恳谈会，并设置评议委员会作为经营咨询机构，就董事会向其咨询的事项陈述意见，审议成员的意见，向保东（代表）大会报告。为此，董事应采取召开听证会、征集意见等方式促进沟通，广泛采纳保东的意见，作为董事决策的重要依据。

（二）保证性资金提供者董事的决策依据：保证性资金提供者会的意见

与股份制公司的股东大会类似，保证性资金提供者董事以保证性资金提供者的决策作为董事会上的决策依据，或在其授权范围内作出决策。借鉴股份制公司股东大会的决策权限，可以有以下决策事项：组织经营方针和投资计划的决定，董事和监事的选聘、解聘和薪酬确定，审议董事会和监事会报告，审议年度财务预决算方案和利润分配、债券发行方案，审议组织的合并或转化为股份制公司等组织形式变更事项。保证性资金提供者对这些事项的审议表决作为保证性资金提供者董事在董事会决策中的依据，但并不表示这就是相互保险组织的最终决策，因为最高决策机构是董事会，由所有董事共同决定。

（三）独立董事的决策依据：独立的自我意见

独立董事的职责是对其他董事形成制衡，发表有利于组织整体利益的决策意见。由于政府并不参与组织的具体经营管理，只会制定具有普遍性的法律法规，因此，独立董事需要遵照政府制定的法律法规进行决策。由于独立董事的目标与保东和保证性资金提供者的利益存在一定的冲突，因此，独立董事不能简单地把保东（代表）大会和保证性资金提供者的要求作为决策依据。独立董事应以组织生存与发展为目标，根据自己的专业判断独立地发表意见。为了使独立意见更为客观、科学，独立董事可以向各类单位和个人了解信息，包括保东和保证性资金提供者。

（四）监事的监督行为依据：以被监督者履职的所有规定为依据自主监督

虽然同样都是受托者，但监事的履职依据与董事的履职依据存在较大差异。董事的主要职责是决策，决策是做选择题，首先设计多种方案，然后在方案中选择最优的选项，因此，作为受托者的董事只能按照委托者的要求来设计方案，确定选项。监督则不同，监督是做判断题，标准已确定，只需要判断符合或不符合，这种情况基本不需要委托者对监事给出指令，监事自己就能完成职责。因此，虽然在部分事项上监事需要按照委托者的指令发表意见，但更多的情况应该是监事不受干扰，独立自主地开展监督工作。委托者要做的是通过激励约束机制来促进监事认真履行好监督的职责，不发生"懒惰行为"或与被监督者的"合谋行为"。

四、董事会和监事会的内部结构

（一）各类董事的结构占比

由于董事会的决策依赖于董事们的民主票决，一人一票，因此，不同类型的董事所占的比重对董事会决策具有决定性的影响。相互保险组织中，保证性资金提供者董事有明确的本息偿付目标，因此，其参与治理的积极性较强。保东董事的委托者是保东（代表）大会，保东（代表）大会对董事的监控不如保证性资金提供者那么强，因此，保东董事参与治理的能动性较差。独立董事主要依赖其声誉、人品，外在因素对他的约束也较弱，其参与的积极性也相对较差。中国保监会对 2013 年保险公司治理情况的检查发现，"2013 年，有 25 名独立董事董事会参会率未超过 75%。……在公司日常董事会议上，鲜有独立董事发表反对意见。2013 年，仅有 2 名独立董事投过反对票，其余董事均投赞成票。即使在正德人寿、信泰人寿、长安责任保险等出现治理危机的公司中，独立董事也未见有明显的建设性作用，更多的是保持沉默，没有独立地阐明相关意见"[①]。总体上看，保东董事和独立董事相对能动性不强，而保证性资金提供者董事能动性较强，因此，保证性资金提供者董事容易主导董事会，使董事会成为其附庸。为了防止董事会被保证性资提供者董事控制，应对保证性资金提供者董事的数量进行限制，防止其操控董事会。美国马萨诸塞州《保险法》规定相互人寿保险公司"董事

---

① 项俊波. 中国保险业公司治理与监管报告 [M]. 北京：中国金融出版社，2015：129-130.

的 1/3 可以由保证资本的股东从保证资本的股东中选出"①。其他相互保险公司如果有保证资本,"那么董事的二分之一应从保证资本的股东中选出"。从我国独立董事行动积极性较差的情况来看,保证性资金提供者董事比例还应该更低一些。

(二)董事会的数量规模

在对股份制公司董事会规模的研究中,立顿(Lipton)和洛尔施(Lorsch)(1992)认为董事一般不敢批评管理层,人数过多的董事会面临的这类问题更为严重,董事会规模最好是 8~9 人,最多不超过 10人。Jensen 则认为董事会人数应控制在 7~8 人,若过多就更可能被CEO 控制。根据资源依赖理论的观点,董事往往拥有较高的能力和丰富的资源,董事人数越多越能为公司提供丰富的意见,更能发挥集体决策的优势,使董事会的决策更科学,也更能全面地代表多方利益,避免被个人或个别团体利益操纵。从董事会规模对董事会作用发挥的影响来看,并无较为确定的最优董事会规模。同理,相互保险组织董事会的规模也难以简单地确定具体的最优数量,如美国万通相互人寿保险公司的董事会人数为 7~21 人,德国哈格尔相互保险公司的监督董事会 2015年的人数为 15 人,日本生命保险相互会社 2014 年的董事会人数为 19人。相互保险组织董事会的规模往往同组织的保费规模、保东规模以及是否存在保证性资金相关,组织规模小则董事会规模也小一些,组织规模大则董事会规模也大一些。但是,董事会规模不能无限制地扩大,奥尔森在《集体行动的逻辑》中指出:"实际观察和经验以及理论都清楚地表明,相对较小的集团——'特权'集团和'中介'集团具有更大的有效性。"② 因为,除保证性资金提供者董事受到其委托者的监督较强之外,保东董事和独立董事受到的监督都较弱,过大规模的董事会可能会导致董事责任心不强,出现相互推诿的情况。

---

① 梁涛. 相互保险组织运作及风险管理 [M]. 北京:中国金融出版社,2017:148,149.
② 曼瑟尔·奥尔森. 集体行动的逻辑 [M]. 陈郁,等译. 上海:格致出版社,上海三联书店,上海人民出版社,1995:64,65.

（三）委员会的设置

1. 董事会委员会的设置

在股份制公司中设立董事会专门委员会是常见的情况，如克莱斯勒公司设 4 个专门委员会，通用汽车公司设 7 个专门委员会。这些委员会中比较典型的有审计委员会、提名委员会、薪酬委员会、财务委员会、公司治理结构委员会、董事事务委员会等。相互保险组织董事会也可以设置专门委员会，设置专门委员会主要出于两方面原因。一方面，董事会虽然是常设机构，但属于会议机构，通过会议的方式形成集体决策，且每年定期的会议次数有限。另一方面，董事会会议的时间是有限的，会上一般是对议案进行讨论，投票决策。但是议案的形成需要前期进行大量的工作，也不可能所有的议案都由管理层来提供，比如对管理层的提名。因此，需要董事会有日常的专业分工，做好前期准备工作。

规模较小的相互保险组织因董事会人数总体较少，决策事项也相对简单，不必设置专门委员会，规模较大的董事会有必要设置专门委员会。相互保险组织董事会专门委员会的设置可根据组织情况具体确定，借鉴股份制公司的经验及组织的特点，其应设置战略与风险委员会、提名委员会、薪酬与考核委员会。在此基础上还应设置专门的内部控制委员会，把内部控制体系的建立健全作为重要工作内容。保险业是经营风险的行业，对风险的防范极为重要，在战略规划中就应一并考虑到风险问题。提名委员会负责拟聘管理层人员的提名，不负责董事的提名，这与股份制公司不同。薪酬与考核委员会负责管理层和独立董事的考核与薪酬方案，不负责其他董事的考核与薪酬方案，其他董事的考核与薪酬由其委托人负责，与董事会无关。与当前我国《上市公司治理准则》规定董事会必须设置审计委员会不同，相互保险组织董事会不设置审计委员会而是设置内部控制委员会，因为审计委员会的任务是审计监督，包括对董事会的监督，需要很高的独立性，应隶属监事会。内部控制委员会是对内部控制体系的健全和执行有效性进行监督，确保战略决策得到执行，风险得到控制。股份制公司比较强调董事会专门委员会中独立董事的配置，相互保险组织的董事会专门委员会中，除薪酬与考核委员会因涉及独立董事薪酬不能配置独立董事外，各委员会中成员的配置无须作特殊区别。

2. 监事会委员会的设置

我国股份制公司监事会的运行效果较差，很多时候形同虚设，甚至成为董事长、总经理退居二线的养老岗位。而且监事会人数较少，也没有能具体执行监督的经办机构或人员，使得监事会有心无力。从加强监督的角度出发，应将股份制公司董事会下设的审计委员会转设到监事会，即监事会负责审计工作，使监事会能切实履行监督职责。在人数允许的情况下，审计委员会可分设内部审计委员会和外部审计委员会，分别负责内审和外审，二者既可以互补又可以形成监事会内部互相监督。

第五章　相互保险组织的决策机制

相互保险组织的决策机制是治理主体参与内部治理、行使控制权的重要机制，是治理机制的核心，决定组织的发展战略。

第一节　决策机制的一般模式

一、决策机制有效性的影响因素

决策就是决策主体拟订方案，并评估方案，然后在多项方案中选择最优方案，以实现决策主体目标的过程。相互保险组织的决策机制则是组织实施决策的一套规则和制度，它关系到决策的质量和效率。决策机制依赖于一定的组织结构和制度，从治理层面来看，决策机制则依赖于内部治理结构和相应的制度。在相互保险组织治理中，决策机制的核心是要通过治理主体之间的制衡与协同来保障组织的生存与发展，最终实现治理主体的目标。决策机制的有效性主要受到两方面的影响。

（一）内部治理结构的决策权力配置

人是有限理性的，不可能拥有所有必要的知识和信息，各类知识信息必然分散在不同的人身上，只有在知识和信息上能胜任的决策主体才能作出更为有效的决策。专门知识和信息的转换成本又往往较高，在《知识在社会中的利用》中，哈耶克提出"组织绩效取决于决策权和有关这种决策的重要知识的匹配"[1]。这种匹配可以降低知识信息的转换

---

① 詹森，麦克林. 专门知识、一般知识和组织结构［M］//科斯，等. 契约经济学. 李风圣，主译. 北京：经济科学出版社，2003：311.

成本，提高决策效率。但权力的分散又意味着代理成本的增加，因此，最优的决策权分配方式应该是知识信息转换成本和代理成本之和最小的分配方式。如果决策权在相互保险组织的内部治理结构间配置不当，则会导致总成本增加，决策成本提高，决策效率降低。

（二）内部治理结构的决策规则

不同的决策规则意味着赋予内部成员不同的权力，决策的结果就是不同权力的力量对比，占优势的一方总是更能将自己的意愿施加于决策结果，最终影响决策的方向。如股份制公司中股东大会采用"一股一票"的决策规则，决策的结果就更能体现大股东的意愿，使公司沿着有利于大股东的方向发展。如果采用"一个身份一票"的决策规则，大股东就失去了左右公司发展的特权，公司会沿着有利于中小股东的方向发展。与股份制公司相比，相互保险组织的组织原则不同，各利益主体的目标更为复杂，匹配相应的决策规则才能确保决策的方向，提高决策机制的有效性。

二、股份制公司决策机制的考察

（一）决策权配置的考察

1. 股份制公司决策权配置的法律规定

我国目前的《公司法》规定，股东大会是股份制有限公司的权力机构，股东大会有权"决定公司的经营方针和投资计划；审议批准董事会的报告；审议批准监事会或者监事的报告；审议批准公司的年度财务预算方案、决算方案；审议批准公司的利润分配方案和弥补亏损方案；对公司增加或减少注册资本作出决议；对发行公司债券作出决议"[①]等。德国《股份法》规定，"股东大会有聘任监事会成员中的股东代表；结算利润的使用，在较少情况下也确定年终结算；在3/4多数通过的情况下增加或减少资本；在3/4多数通过的情况下解散公司"[②]等权力。

从相关法律的规定看，股东大会是公司的最高权力机构，董事会接

---

① 《中华人民共和国公司法》第三十七条。
② D.法尼. 保险企业管理学［M］. 张庆洪，等译. 北京：经济科学出版社，2002：121.

受股东大会的委托执行股东大会的决议，对股东大会负责，对于公司的特别重大决策事项，董事会只能拟订方案，最终要经股东大会决议。虽然董事会拥有绝大部分决策权，但其并非股份制公司的最终决策主体机构。之所以如此，是因为股份制公司从根本上坚持资本的最终决定权。不仅是股份制公司，国外相互保险组织的部分事项也是由会员大会最终决定的，德国的会员就是缴纳保费的保东，美国则包括保东和保证性资金提供者，这仍然说明国外相互保险组织是把出资的保东和保证性资金提供者当成和股东一样的身份，强调了资本的决定权，忽视了其他利益相关者的权利。

2. 股份制公司权力中心的演进

在国外股份制公司的发展历程中，公司治理结构的权力中心经历了股东中心主义和董事会中心主义的演变。在股份制公司形成的前期，强调股东的权力，认为公司归股东所有，公司实行股份民主，股东大会是公司的最高权力机构，董事会只是接受股东大会的委托，是股东大会决议消极、机械的执行者，董事会并不拥有超越于股东大会的法定权力。这种权力结构形成于 18 世纪，在 19 世纪被西方国家以立法的形式确立。19 世纪末，随着科技的发展，社会化大生产愈加深入，股份制公司出现新的变化：公司的规模越来越大，股东范围更为广泛，股东大会显得庞大而笨拙，股东难以聚集到一起来召开会议；一年一度的股东大会也无法对众多议题进行决策，只能对特别重大的事项进行决策；理论上对股份制公司作为生命有机体的创新认识强调了公司法人实体身份应独立于股东，成为完整的自我有机体。在这种情况下，董事会中心主义出现，股东大会的权力有所削弱。德国在 1937 年出台的《股份法》中明确了董事会具有独立的经营权限，在 1965 年修订的《股份法》中进一步提出股东大会只能"对在法律和章程中所规定的特别事项作出决议"，"关于业务经营中的问题，只有在董事会提出要求时，股东大会才能作出决定"。

从股份制公司"股东中心主义"向"董事会中心主义"的演变可以看出，虽然股份制公司的最终权力属于资本所有者，但其独立性越来越强，尤其是利益相关者对股份制公司要求的提升，使得董事会更应独立于股东而独立地履职。

（二）决策规则

1. 股东大会的决策规则

股东大会是所有股东行使权力的机构。股份制公司股东大会采用"股权民主制"，股东根据所持有的股权，通过"一股一票"进行表决，以多数票的原则进行股东大会决策。很明显，股权民主制有利于持股份额更大的中大股东，不利于小股东。因此容易出现小股东的"搭便车"行为，股东大会实质上被持股权较大的少数大股东把持，也容易出现大股东的"掘遂行为"，大股东和中小股东间的代理问题成为治理的重要内容。

2. 董事会的决策规则

股份制公司董事会是董事集体决策的场所，董事会实行"一人一票"的民主集中制，以多数票原则进行决策。董事会由股东大会委派，董事会成员的来源也受股权份额的影响，大股东委派的董事数量占比更大。因此，董事会名义上的"一人一票"实质上体现的却是股权份额，大股东往往通过对董事的决定权控制董事会。

三、相互保险组织决策机制的一般模式

（一）相互保险组织的决策权配置

1. 董事会定位为组织的最高决策权力机构

首先，相互保险组织的重要利益相关者不仅有保东，还包括保证性资金提供者、政府，他们都拥有参与内部治理的权利，都有权参与组织的决策。决策权力不能仅由保东行使，重大的决策事项不能仅由保东大会决定，必须在重要利益相关者之间协调平衡。即便是美国模式，将保证性资金提供者纳入会员，其所包含的重要利益相关者也不够全面。

其次，组织决策学大师马奇（1994）指出，在决策过程中决策者偏好和身份的"不一致性引发了冲突，从而使问题变得更加复杂"[1]。相互保险组织的保东、保证性资金提供者以及政府的偏好和身份具有明显

---

① 詹姆斯·G. 马奇. 决策是如何产生的［M］. 王元歌，章爱民，译. 北京：机械工业出版社，2007：130.

的差异，并且数量庞大，直接将他们召集到一起进行集体决策，缺乏合理有效的决策机制，很难形成一致意见，即使形成一些一致意见，也很可能是偏颇的，不切合相互保险组织发展的实际。

最后，相互保险组织的保东有保险合同作为利益的保障机制，况且在不发生保险事故的情况下不需要从组织获得什么收益，缺乏参与治理的动力。保证性资金提供者又只是在某个需要保证性资金的阶段才会存在，具有不确定性。这就容易导致重大事项得不到及时有效的决策支持。因此，与股份制公司可以由股东大会对重大事项进行决策不同，相互保险组织的所有决策应该由董事会来履行。

从对非营利组织的考察也可以看出董事会在组织中的决策地位。克尔佐（Kolzow，1995）指出董事会是非营利组织的权力中枢。豪莱（Haule，1990）指出董事会对非营利组织目标的达成负最终责任，董事会必须掌握整个组织的最大控制权。

因此，必须明确董事会在相互保险组织中的最高决策机构地位，确立董事会决策原则。董事会独立自主地行使决策权，同时承担决策错误的责任。

2. 各权力机构的决策权是董事会决策权的依归

根据前述分析，董事会是相互保险组织的最高独立决策机构，因此，各权力机构没有对组织相关事项的决策权，其决策不能直接作为组织的决策。但是，董事会是信托责任机构，董事的决策行为并非随心所欲，而是以其委托人的决策为依归。因此，相互保险组织的权力机构仍然需要作出决策，作为其委派董事决策行为的依据。

3. 权力机构和董事会之间权力职责的界定

股份制公司是股东大会作为整体对董事会进行委托，相应地进行职责和权力的明确划分。相互保险组织则不同，权力机构分别对自己委派的董事进行授权，因此各权力机构和所委派的董事之间权力和职责的界定会有所差异。

（二）相互保险组织的决策规则

董事会是相互保险组织的独立最高决策机构，但各董事的决策行为依归于对其进行委托的权力机构，因此，影响相互保险组织决策机制的不仅涉及董事会的决策规则，也包括保东（代表）大会、保证性资金提供者会和职工委员会的决策规则。

1. 保东（代表）大会的决策规则

1）决策原则——"保东身份民主制"替代"论资排辈"

美国各州保险法对相互保险公司会员表决权的分配通常是规定每一保单持有人赋予一个投票权，但各州也有具体的差异。马萨诸塞州法律对此作了更为细化的规定，财产相互保险公司的会员只拥有一个表决权，但人寿相互保险公司会员因所持保单或缴费所投险种的不同，表决权不同，人寿保险和生存保险的个人保单持有人如果缴纳保费超过规定基数，可以在原有的一个表决权基础上增加表决权，团体保单持有人则只能有一个表决权。爱达荷州规定每位会员只能有一个表决权，即便接受委托，受托人最多也不能超过 5 票。[①] 张维迎指出，剩余控制权与剩余索取权的对称性安排才是最优的治理结构，因此，决策权的配置应与收益权相匹配。股份制公司实行股权民主制，股东持有多少股份就拥有多大的决策权，这是因为股东投入公司的资本具有同等作用，按相同的方式产生价值，最终按照股份比例分配利润，因此，与之相匹配，股东所拥有的决策权应按照所持股份来确定。相互保险组织则不同，保东所获得的收益并不直接以缴纳的保费资金为依据。

首先，保东缴纳的资金与对组织利润的贡献不匹配。虽然保东可以分配部分红利，但保东缴纳的保费资金在红利的形成中所发挥的作用并不相同，有的保东不发生保险理赔，其保费资金扣除管理费用后直接形成红利，有的保东发生巨额理赔，给组织带来亏损。因此，保东以什么依据来分配红利并不像股份制公司那样有明确统一的标准，各组织只是在章程中进行单独约定。

其次，保东从组织获得的收益与缴纳的资金无对称性。红利并非保东的主要目的，保东的收益主要是发生保险事故后的理赔，理赔收益与缴纳的保费虽然存在一定程度的相关性，保费高、保额高获得的赔付就高，但是，保险理赔是否发生依赖于保险事故的发生，保险事故的发生

---

① 方国春. 中国相互制保险公司治理的法律规制——基于公司治理主体权利视角 ［M］. 北京：法律出版社，2016：97.

不以保东、经营者的意志为转移，属于不可控的意外因素，保东的收益与所缴纳的保费并不匹配。

总体上看，保东的收益并不以缴纳的保费为依据，因此，也就不能根据保费的比例来确定保东所拥有的决策权。相互保险组织的保东实际上与公民类似，公民在社会中应获得的权利是多种多样且不确定的，不能用一种单一的依据来确定公民应获得什么权利，唯有以公民身份为基础，才能全面表达所应获得的所有权利。国家就是以公民的个体身份为依据确定其所拥有的权力的。因此，相互保险组织也应将保东的身份作为配置决策权力的依据，实行保东民主制。按此逻辑，一个保东购买多份保险，不能因此获得多份决策权，一个保东就只能有一个身份，自然人保东和法人保东也不存在决策权上的差异。

2）决策方式——直议与代议相结合

保东的民主决策方式有直接民主和代议民主两种。直接民主就是由全体保东直接进行投票决策，按照简单多数或比例多数等方式作出决议。保东数量较少的相互保险组织一般采用直接民主方式，由保东大会直接进行投票决策。但保东数量较多的相互保险组织一般采用代议民主，由保东选出代表组成保东代表大会，再由保东代表大会作出决议。代议民主的优点是减少了集体决策的人数，降低了决策成本，提高了决策效率，当保东数量过于庞大，难以召集到一起，也没有那么大的会议场所时，决策成本会很高。但相互保险组织保东决策的代议民主方式也存在明显的缺点。

首先，保东之间的目标差异导致代表难以适从。股份制公司中股东的目标统一为利润，代表仅需围绕这一个目标进行决策。相互保险组织保东的目标是多样化的，不同的保东有不同的偏好，有的强调组织应有足够的准备金以保障合同的履行，有的强调组织应提升服务能力，有的强调应分配更多的红利等，不一而足，这些差异将导致代表无法实现所代表会员的全部意图，一部分保东的目标将被放弃。

其次，保东与代表之间的目标差异、信息不对称导致保东无法进行有效监督。代表所掌握的信息远多于保东的信息，代表也只会按自己的意图进行表决，除对组织目标的正常偏好外，代表还可能获取非正常范围内的利益，如与董事间存在特殊关系而作出有利于董事的评价等。总之，相互保险组织的保东之间比股东之间的代理问题更为复杂。

为了增强保东决策的民主性，应该更多地采用直接民主方式，而非代议民主方式，扩大保东大会直接进行决策的范围。可利用发达的网络技术，采取网络投票等方式使保东直接行使自身权力。

2. 保证性资金提供者会的决策规则——资金份额民主制

由于保证性资金提供者的本息必须在支付保东理赔资金后，组织偿付能力充足的情况下才能得到偿付，其偿付顺序在保东理赔收益之后，红利之前。美国马萨诸塞州还规定开展人寿保险、责任保险的相互保险公司中，保证性资金提供者可以参与年度分红，但同时作了上限不超过所提供资金8%的规定。保证性资金提供者的这些收益分配特点与股份制公司的股东较为类似，因此，保证性资金提供者在行权中的一些特点也与股东类似，美国马萨诸塞州法律就规定相互保险公司"保证资本持有人的投票权适用于公司法关于股东的规定"[①]。因此，保证性资金提供者之间的行权原则应采取"资金份额民主制"，即根据所提供资金的占比拥有相应份额的决策权。

3. 职工委员会的决策规则

职工身份就是职工参与治理、行使决策权的依据，职工应平等地参与决策，不受职级高低或工资收入高低的影响。因此，职工委员会实行"职工身份民主制"，一人一票。

4. 董事会的决策规则——民主集中的集体决策

相互保险组织的董事会必须实行集体决策，任何董事个人无权代表董事会行使权力，除在董事会会议中的表决权之外，董事个人没有任何权力。即便是董事长也只是拥有召集董事会的权力，除此之外并无特权。因为董事会是一个决策制衡机构，是保东、保证性资金提供者及政府间冲突与分歧的协调机构。单个的董事只是接受部分委托者的委托，必然代表其委托者的利益，难以体现通过制衡和协调后的组织决策。

集体决策方式也是防止个人专权、滥权的有效手段。在股份制公

---

① 方国春. 中国相互制保险公司治理的法律规制——基于公司治理主体权利视角 [M]. 北京：法律出版社，2016：97.

司，由于往往存在大股东，大股东又委派董事长，就容易形成董事长有绝对或比其他董事更大的话语权。虽然《公司法》规定董事长没有特别的权力，但在实际运行中经常出现董事长的绝对权力。相互保险组织不存在大股东，各董事会成员凭借身份拥有平等的权力，因此不应在权力上有任何差别。

第二节　我国相互保险组织决策机制的实证分析

一、决策机制的现状

前文提及的四家相互保险组织（阳光企业、众惠财产、信美人寿、汇友建工）都将决策权力在会员大会、董事会和管理层间进行了分配。会员大会是最高权力机构，有最终决策权。董事会在决策中处于中心地位，但重大事项应报会员大会决策，还可以将部分权力授权给管理层，由管理层负责执行和进行日常经营决策。以信美人寿为例。

《信美人寿章程》第三十六条规定：会员代表大会依法行使的职权有十八条，如决定组织的经营方针、战略规划和投资计划；审议批准年度财务预决算方案、盈余分配和亏损弥补方案；确定非职工代表董事、监事人选和薪酬；决定运营资金的增减、债券的发行；决定组织形式的变化，如合并、分立或变更为股份制公司等；审定偿付能力不足的解决方案，运营资金本金以及利息的减计与恢复和支付方案；审定治理机构的议事规则等治理制度；确定年度审计的会计师事务所；较大金额的对外投资、资产购置与处置、对外抵押担保捐赠事项等。

《信美人寿章程》第一百一十四条规定：董事会行使二十四条职权：召集会员代表大会，并报告工作；执行会员代表大会的决议；制订应由会员大会审议批准的经营计划、发展战略和投资计划，运营资金增减及利息支付方案，组织合并、分立、解散、清算或变更组织形式的方案、章程修改方案等由会员代表大会审议批准的方案；审议一定金额以下的对外投资、资产处置、资产抵押担保捐赠事项；审议董事会委员会人员及组织内部管理机构的设置；确定总经理等高级管理人选及其薪酬激励方案；审定组织的基本管理制度；管理信息披露、风险管理、内控合规等事项。

《信美人寿章程》第一百四十九条规定：管理执行委员会对董事会负责，主持日常经营管理工作；拟订内部管理机构设置、基本管理制度等由董事会决定的方案；审议组织的基本规章及其他管理人员人选，在董事会的授权范围内，审议对外投资、资产处置等事项。经管理执行委员会过半数通过可将上述职权授予总经理。该章程第一百五十六条还规定高级管理人员行使职权时不得变更会员代表大会和董事会的决议。

从以上可以看出，信美人寿会员代表大会、董事会和管理执行委员会的职权界定基本上与股份制公司股东大会、董事会和管理层的职权类似。

从决策规则看，四家相互保险组织的会员大会均采用"一人一票"的决策方式，不对会员类型区别对待。董事会法定职权实行集体决策制，原则上不得授予任何机构或个人，个别事项确需授权的，也必须通过董事会决议的方式进行。授权一事一授权，不得将董事会职权笼统或永久授予组织的其他机构或个人行使。董事会决议的表决实行"一人一票"，并且是逐项审议、逐项表决，有的事项须半数通过，有的事项须3/4以上人数通过。

二、决策机制存在的问题

会员（代表）大会是组织的最高权力机构，拥有重大事项的决策权，独立董事的聘任也由会员（代表）大会决定，因此，容易导致个别利益主体通过操控会员（代表）大会的方式操控整个组织。会员代表本身就难以代表全体会员，而且会员代表人数仅有几十人，一旦会员（代表）大会被操控，整个组织就很容易操控了。以阳光农业为例，其发起会员为黑龙江农垦集团，作为初始运营资金提供者，章程约定黑龙江农垦集团具有董事长的任免权。在经营中，黑龙江农垦集团实际控制了阳光农业。中国保监会在2010年的检查中发现：阳光农业的主要发起会员——黑龙江农垦局（2009年整合为黑龙江农垦集团）2008年年底直接发红头文件任命五丰等4人为阳光农业的副总经理，并且仅以口头方式同意杨俊、洪大伟为总经理助理。2009年3月公司董事会才通过了该 6 人的任职议案。其中有 3 人的任职一直未报中国保监会核准。[①] 目前几家相互保险组织虽然都没赋予初始运营资金提供者参与治理的权力，但在实际运行中，他们以会员的身份进入了会员（代表）大会，存在直接操控最高权力机构进而全面控制整个组织的风险，也抑制了独立董事独立作用的发挥。

第三节　相互保险组织决策机制的构建

一、董事会的决策模式

作为组织的最高独立决策机构，董事会在决策实施中又有不同的模式。鉴于相互保险组织具有接近于非营利组织的特点，可通过考察非营利组织董事会的决策模式来研究相互保险组织董事会的决策模式。Murray、Bradshaw 和 Wolpin（1992）进行实证研究后指出非营利组织中董事会决策表现为五种运作模式。

（一）首席执行官主导董事会

组织的决策权实际由首席执行官掌握，首席执行官拥有专业知识、成功经验以及关于组织的充分信息，有极大的影响力。董事会成员一般为兼职人员，其投入组织的精力较少，缺乏行业经验，而且掌握的组织信息也很少，将决策大权下放给了执行官。这种类型的董事会只扮演了象征性的角色，象征性地作为组织的代表机构，对执行官的议案全盘接收。

（二）董事长主导董事会

董事长有较高的个人威望和亲和力，强烈地影响到其他董事。组织的计划和决策程序大多按照董事长的意图来确定，其他董事只是象征性地审核、附和。整个董事会被董事长驾驭，会上很少有意见分歧。

（三）权力分割型董事会

董事会成员各自拥有不同的观点，代表着不同的利益，互不认可、

---

① 《中国保险监督管理委员会行政处罚决定书》（保监罚〔2010〕20 号）。

妥协。这种董事会内部派系林立，在董事会会议上唇枪舌剑，冲突激烈，难以形成战略性规划。为了在董事会中争取有利地位，使董事会决议有利于自己，董事之间又往往存在钩心斗角、拉帮结派的行为，尤其在一项重大决策前，会运用政治手腕来增强自身影响力。

（四）权力分享型董事会

董事会强调权力分享，主张董事们在民主平等的原则下进行充分的讨论，在协商中寻求共识，最终形成统一意见。这样的董事会决策模式容易导致效率低下，也很难就重大变革和创新事项达成共识，导致组织因循守旧。

（五）无权力型董事会

董事会一盘散沙，没有目标，没有明确的角色和职责。董事不知道自己应该干什么，各类事项之所以能完成，全依靠董事们墨守成规，按部就班，或者个别董事愿意全权负责。董事会的召开也毫无准备，参与的人少，或者参与的人对事项并未作会前准备，会上常出现议而不决的局面。

在实际运行中，不仅非营利组织的董事会有以上五种运作模式，股份制公司也存在以上五种形式的董事会。

相互保险组织不像股份制公司那样追求市场，对市场及时反应的要求不高，董事会的主要责任就是对管理层的控制，首席执行官主导董事会模式肯定不适合相互保险组织。董事分别代表受托的利益相关者，必须在决策过程中表达所代表的利益相关者的意见，因此，董事长主导的董事会也不适合于相互保险组织。权力分割型董事会和无权力型董事会都属于未能很好运转的董事会，不能在公司治理中发挥有效的作用。只有权力分享型董事会才是相互保险组织较为理想的运作模式，这种模式能够充分体现决策的民主原则和科学原则，能实现利益相关者对组织的治理。

二、董事会的决策原则

(一)层级决策原则

作为相互保险组织的最高决策机构,董事会无法包揽所有的决策,必须对决策事项进行分流。相互保险组织的决策可分为三个层级:战略决策、战术决策和业务决策。战略决策是指事关组织发展的全局性、长远性重大决策,战略决策关系到组织的兴衰成败,需要充分收集信息,也面临较大的风险。战术决策是指为了实现战略决策目标,有效利用组织内外环境,优化资源配置而进行的决策,如组织的业务发展计划、理赔服务优化规划等。业务决策指日常经营管理中为提高效率而作出的决策,如市场费用政策、定损核赔规则、材料采购等,这些决策只对组织产生局部影响。战略决策是战术决策的依据,战术决策是实现战略决策的手段和环节。业务决策则是在战术决策的指导下进行的,以实现战术决策为目的。董事会并不具体从事组织的日常经营管理,不掌握具体的信息,无法对具体业务甚至战术上的问题进行及时决策,因此,从决策的效率和有效性看,董事会应主要负责战略决策,而将战术决策和业务决策交由管理层或基层管理人员负责。

(二)民主集中决策原则

董事会由全体董事组成,每一位董事都背负着委托人的期望,董事会必须充分民主,才能综合体现利益相关者的要求。同时,相互保险组织的战略决策也是复杂的,个人的理性是有限的,任何个人都无法独自完成复杂的决策任务,只有群策群力、集思广益,才能确保决策的质量和决策的效率。由于董事代表了不同利益相关者的利益诉求,利益相关者之间的利益既一致又存在冲突,因此,董事会的决策过程也将充满冲突。在这种情况下,必须实行必要的民主集中,才能形成统一的决策,形成战术决策、业务决策的指南和依据,否则就是一盘散沙。董事会的一切决策都遵循民主集中制原则,先民主后集中。在决策中,每个董事代表一个投票权,实行"一人一票"的原则。

(三)科学决策原则

为了保证相互保险组织的决策正确,董事会必须坚持决策科学化的原则。决策科学化体现为以下几个方面：一是集中精力专注于非程序化决策。根据决策的结构性，可将决策分为程序化决策、半程序化决策和非程序化决策。董事会应将主要精力用于非程序化决策，而将程序化决策交由管理层或基层管理人员，或通过制度、程序来解决程序化决策。二是注重决策的目标、条件和标准。对决策目标进行反复论证，充分考虑内外条件，作出与条件相适应的决策。决策标准也应合理制定，不能简单地追求绝对合理，"从某种重要意义上来说，一切决策都是折中的问题。最终的选择方案，只不过是在当时的情况下可以选择的最佳行动而已，不可能尽善尽美地实现各种目标"①。三是充分掌握信息。科学决策必须建立在准确、及时的信息基础上，必须广泛收集信息并进行归纳、分析、加工。由于管理层可能存在隐藏信息的行为，因此，掌握翔实的信息对决策的科学性更为重要。四是运用科学的决策方法。决策方法非常多，如数学模型法、逻辑推理法、专家论证法等，董事会应选择适用于所决策事项的科学决策方法。

---

① 赫伯特·A. 西蒙. 管理行为 [M]. 詹正茂，译. 北京：机械工业出版社，2013：5.

第六章　相互保险组织的激励约束机制

激励与约束是解决代理问题的有效手段，对治理系统中相关个体的激励与约束能有效降低代理成本，促进受托者积极向组织目标努力，为组织完成使命、实现愿景提供动力。

第一节　相互保险组织激励约束机制的内涵及影响因素

一、激励约束机制的内涵及影响因素

（一）激励约束机制的内涵

心理学认为，激励就是对个体的行为动机进行诱导，使个体在动机的驱使下去实施其行为。激励使个体产生某种需求，形成一种紧张感，为了消除这种紧张感，个体会努力地行动，以满足需求，消除紧张，最终达到或接近激励主体的激励目标。从相互保险组织的治理来看，组织存在多层级的复杂代理关系，如保东与保东代表，保东与保东董事、保东监事，董事会与管理层等，在这些复杂的代理关系中，委托人和代理人之间的目标存在差异，如保东希望得到自身损失的补偿和对他人损失补偿的利他满足感，董事会或管理层则更看重自身薪酬待遇，董事会或管理层不会按保东的要求去努力工作，而是按自身目标去工作。尤其是存在信息不对称，代理人更有机会出现"逆向选择"或"道德风险"行为，以达到代理人自身的利益最大化而不顾委托人的利益。因此，委托人有必要采取激励措施，付出适当的成本，诱导代理人向着与委托人目标一致的方向努力，最大限度地实现委托人的利益。约束是一种限制、

管束，使个体不采取某种行为，从而不偏离组织的既定目标。激励和约束是两种行为，激励是诱导性的，激发个体的能动性，约束则是规范性的、强制性的。两者又是互补的，在一定条件下是可以相互转化的，一项激励措施同时也会成为约束措施。

激励约束机制是指主体为了达到对客体激励约束的目的，采取相关措施，使各种激励约束因素与被激励约束的客体之间形成相互联系、相互作用的关系。本书所分析的激励约束机制是指参与相互保险组织内部治理的微观主体间为解决代理问题而建立的机制，即作为委托人的主体根据组织目标和人的行为规律，激发作为代理人的客体的内在动力，并约束客体的相关行为，促使客体向着主体所期望的目标努力的一套规则体系和动态调节机制。委托—代理理论的中心任务就是研究在信息不对称的环境下，委托人如何建立最优激励约束机制来实现委托人和代理人的利益最大化，以降低代理成本。

（二）影响激励约束机制的因素

根据委托—代理理论，激励约束机制就是一个使委托人和代理人利益最大化的均衡解，以下几方面因素会对激励约束机制产生影响。

1. 代理人的偏好

委托人与代理人存在利益冲突，委托人设计的激励约束机制必须满足代理人的参与约束和激励相容，即要保障代理人的效用不低于其保留效用，同时，激励约束机制是有利于增加代理人效用的，委托人期望实现自身效用最大化而要求代理人增加努力程度，从而也增加了代理人的效用。因此，代理人的效用直接影响激励约束机制，而效用是偏好的函数，根据马斯洛需求理论，人有生理需求、安全需求、社交需求、尊重需求和自我实现需求，这些需求中的一部分能通过经济利益得到满足，但经济利益并不能解决所有问题。也就是说人的偏好不只有经济利益，还有如行为经济学提出的利他、互助、公平等其他偏好，这些偏好的满足也能提高代理人效用。

2. 委托人与代理人的风险态度

由于组织的经营存在很多不确定性因素，委托人和代理人都面临风险，双方对风险的态度将影响各自对自身收益的判断，影响其行为选择，进而影响激励约束的最优解。当代理人风险规避时，"固定报酬＋绩效报酬"的激励合同是最优的，而且随着代理人风险规避程度的减弱，应分担更多的风险给代理人，即绩效报酬的占比应更大。多数研究都是将委托人假设为风险中性，代理人假设为风险规避，如双边委托—代理模型、多代理人模型、共同代理模型以及多任务代理模型。田厚平等（2007）突破了"委托人风险中性，代理人风险规避"假设的局限，将委托人分为风险中性和风险规避两种情况，在此基础上匹配代理人的风险规避和风险中性，构成四种组合，分别研究四种情况下的最优激励解。孙世敏（2010）进一步展开，将委托人和代理人的风险规避、风险中性和风险偏好三种态度构成 9 种组合进行研究，得出委托—代理双方的风险态度会影响双方的风险分担和收益，相应的最优激励合同也不相同。

3. 委托人对代理人努力结果的观测准确性

由于信息不对称，委托人难以直接观测或难以证实代理人的努力程度，但是，相对于努力的过程，努力的结果却更容易观测和证实。因此，委托人总是将产出结果作为替代变量，以此来确定激励约束机制。但是，产出结果的评估也是较难的，即便就最为简单的利润而言，上市公司的盈余操纵已是屡见不鲜。这种产出结果观测的准确程度无疑会影响激励约束机制。

4. 代理人的努力过程或结果的可比较性

由于委托人无法观测代理人的努力过程或不能准确评估其努力结果，这就增加了确定最优激励约束机制的难度，一旦代理人努力程度的可观测性增强，将会更容易寻求到最优的激励约束机制。增加可观测性有两种途径：一是有可比较的其他代理人存在，霍姆斯特姆（Holmstrom，1982）、Rasmusen 和 Zenger（1989）等提出的多代理人委托—代理理论就是双边代理理论的雏形，该理论认为"某一代理人的行为可以提供其他代理人行为或特征的信息。因此，当一个代理人的产出与其他代理人的行动相关时，最优激励契约设计一般可根据其他代理人的产出确定对该代理人的支付"[①]；另一种途径是比较代理人自身不同时期的努力结果。伦德纳（Radner，1981）、罗宾斯泰英（Rubbinstein，1979）以及法玛（Fama，1980）的声誉理论指出"时间"会解决代理问题，在长期情况下，出于声誉的考虑，即使没有显性激励，代理人也会努力工作，霍姆斯特姆（Holmstrom，1982）还通过模型分析指出声誉不仅能在一定程度上解决代理问题，而且由于老年人对声誉不敏感，随着年龄的增大，声誉的作用会越来越小。但是，Holmstrom 和 Ricart—Costa（1986）的"棘轮效应"模型又指出"长期"会导致代理人因为怕委托人"鞭打快牛"而不愿做出最大的努力，因而会导致激励机制的弱化。

二、相互保险组织的特殊性对激励约束机制的影响

（一）微观个体偏好特性的影响

1. 微观个体偏好的特殊性

人的偏好具有多样性、复杂性，不同的社会部门、行业会表现出不同的偏好。这既有可能是有相同偏好的行为人对社会部门和行业的主动选择，也有可能是组织文化对行为人影响的结果。相互保险组织属于一个既有营利组织特性，又有非营利组织特性的特殊行业，其微观个体的偏好有其独特性，主要体现在以下两个方面：

一是更强的风险厌恶偏好与更低的变动经济报酬敏感度。首先，从雇员角度来看，相互保险组织的从业人员比股份制公司的从业人员有更强的风险厌恶偏好。张冉、凯莉·瑞德弗恩、珍尼·格林等（2011）在《非营利部门员工从业动机研究：利他主义的反思》中建立了非营利部门人员从业动机分析的矩阵模型，以服务约束和服务导向为模型的两个维度，服务约束指个人进行从业选择时受到的客观限制程度，反映个人在主观上择业的自由度和话语权，用积极性和被动性来衡量。服务导向指个人择业中提供服务指向的目标或定位，用利己和利他来衡量。根据张冉等人的分析，主动愿意在非营利组织从业的人有两类：一类是自由

---

① 刘有贵，蒋年云. 委托代理理论述评 [J]. 学术界，2006 (1)：74.

度高的情况下对非直接经济利益目标，包括利他性的宗旨认同和利己性的职业发展需求；另一类是自由度低情况下对拥有一份职业获取一份收入的经济利益目标。[①] Cable 和 Judge（1994）指出，在给定情况下，参与者的风险偏好存在差异。[②] 风险偏好程度是个人就业服务约束的集中反映因素，个人的经济状况、家庭条件、自身能力都能从其对风险的态度中得到反映，风险偏好程度高则说明个人的服务约束低，择业的自由度更高，反之则自由度更低。当风险偏好程度低时，个人只能把目标定位于拥有一份职业，获得稳定的收入，择业上倾向于风险更低的行业和岗位。股份制公司以最大化利润为目标，需要面对复杂多变的市场，从中寻求获得高额利润的机会，高回报对应高风险，股份制公司也可能因此而遭受极大的损失或破产，同时，为了获得更高的利润，股份制公司也会对雇员提出更高的要求，有的公司甚至采取末位淘汰机制，这都增大了雇员的调岗或失业风险。相反，相互保险组织不以盈利为主要目的，不会为了利润而冒险，对雇员的要求也相对更低，对雇员踏实工作的要求高于创新性工作的要求。因此，在相互保险组织中雇员面临的风险较小。也正是如此，相互保险组织的雇员展现出更强的风险厌恶偏好。谢延浩（2011）通过对问卷调查取得的样本数据进行回归分析，发现风险厌恶程度高的个体更偏好于均等规则和差异小的薪酬制度，以及变动比例小的薪酬制度。[③] 说明对风险的态度将影响雇员对固定薪酬或可变薪酬的偏好，风险规避程度低的雇员会更偏好高变动薪酬，风险规避程度高的雇员则更偏好于稳定的薪酬、更愿意被能提供非变动性的薪酬体系吸引。因此，相互保险组织雇员在厌恶风险的同时，对变动薪酬

---

① 张冉，凯莉·瑞德弗恩，珍妮·格林，等. 非营利部门员工从业动机研究：利他主义的反思 [J]. 浙江大学学报（人文社会科学版），2011（4）. 张冉、凯莉·瑞德弗恩和珍妮·格林等人构建非营利部门人员从业动机矩阵模型，把员工从业动机划分为四类：一是认同状态，即个人的自由度高且在精神或道德层面认同组织的宗旨；二是职业状态，即个人自由度高对经济利益要求不高，但并不是认同组织宗旨，而是寻求直接经济利益之外的人脉资源等职业成长目标；三是维系状态，即受自身条件约束，自由度低，更多关注能够拥有职业以获得基本薪酬，而不是职业发展相关的非经济利益目标；四是依附状态，这种状态往往是基于外部利益主体如政府、社会的要求被动选择在非营利组织从业，如政府委派等，这一类的非营利组织更带有计划导向的非自组织性。

② Cable. D. M, Judge. T. A pay preferences and job search decisions：a person-organization fit perspective [J]. Personnel psychology. 1994（47）：317−348.

③ 谢延浩. 个体差异、参照体选择与意义建构对薪酬满意的作用机理研究 [D]. 南京：南京理工大学，2011.

的期望也会更低。其次,保东也是风险厌恶偏好较强的行为个体。保险的作用就是对投保人的风险进行分散转移,降低投保人的风险损失。与众多不愿意参保的个体相比,保东有更强的损失规避需求,更厌恶风险可能带来的损失。保东主要关注发生事故的损失补偿,对红利等经济利益的敏感度也较低。

二是互助与利他偏好。毛刚(2005)按照不同社会部门中微观个体的不同行为所导致的不同要求或表现,提出了不同社会部门微观个体的行为框架,如图6-1所示。第Ⅱ部分是公共组织,行为人表现出强制性的利他;第Ⅲ部分是营利组织,组织中的个体是自愿性的自利经济人行为;第Ⅳ部分是非营利组织,个体具有自愿性的利他行为。行为人的偏好是复杂的,但是,受到不同部门的影响,其在某方面的偏好会显得更为强烈,营利组织的行为人也可能具有自愿的利他偏好,但自利偏好应该更为突出。非营利组织有比营利组织更为明显的自愿利他偏好,但也并不表示其就没有自利偏好。相互保险组织介于营利组织和非营利组织之间,相较于营利组织,其微观个体有更强的自愿利他偏好。就雇员而言,进入相互保险组织的初始偏好中也许本来就有较强的利他偏好,或许并不强烈,但进入组织后,会受到组织专注于对损失遭受人的帮助这种文化的熏陶而增强利他的偏好。对保东而言,进入相互保险组织的初衷是互助互利,但一旦进入组织后,利他的偏好会更加强烈,保东首先不会希望自己出现保险事故,也不会对红利的分配做过多的关注,因为保险理赔成本实际会发生多少是不由任何人控制的,会有多少红利可分配也就不以自己的意志为转移。此时,会发生的是一个普通社会性行为人的正常反应,同情心与怜悯心爆棚,希望相互保险组织能对损失者给予更大的帮助。

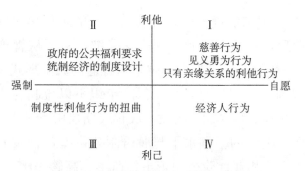

图6-1　不同部门微观个体的行为框架

资料来源：毛刚．我国非营利组织内部治理机制研究［D］．成都：西南交通大学，2006.

2. 微观个体偏好对激励约束机制的影响

首先，微观个体风险厌恶程度高，说明在股份制公司中所采用的经济利益的激励手段对相互保险组织的微观个体所能发挥的作用大打折扣，必须在经济利益激励之外采取其他激励手段。

其次，微观个体更强的互助与利他偏好，说明微观个体有更强的社会性，这种互助利他的社会性本来又与组织的宗旨相契合。因此，通过满足微观个体互助利他的社会性需求，也可以激发个体的行为动力。

（二）经济利益激励水平受到限制的影响

与股份制公司相比，相互保险组织具有薪资水平不高和缺乏利润分享激励的特点。

一方面，相互保险组织的互助宗旨要求雇员薪资水平不能过高。Hansmann（1980）认为"非营利组织通过向管理层支付较低薪酬来传递其向公众服务而非用于个人私利的信号"[1]。同样，相互保险组织也需要通过向管理层支付较低薪酬，使保东们相信其利益没有被侵占，自己的赔偿和帮助损失者的愿望更有保障，也以此来吸引更多的潜在保东加入公司。相互保险组织对保东的红利支付更是远低于股份制公司的利润分配，这样才能体现相互保险组织有别于股份制公司的互助宗旨。

另一方面，相互保险组织不存在利润分享、股权激励等机制。利润分享、股权激励是股份制公司对管理层进行激励的重要手段，早在

---

[1]　Hansmana H B. The role of nonprofit enterprise ［J］．Yale law Journal，1980（89）：835－901.

1794 年，美国人阿尔伯特·盖莱汀就在自己的工厂里对管理层实施了利润分享，此后，利润分享制得到广泛采纳，甚至从管理层扩展到员工。"利润分享在西方已成为一种越来越普遍的分配形式和普通劳动者的一项应有权利。"① 很显然，相互保险组织不以盈利为主要目的，无法实施对雇员的利润分享制，更没有股权或期权用于对雇员的激励。这也成为相互保险组织的报酬水平与股份制公司差距较大的一个重要因素。我国阳光农业相互保险公司董事、监事、高管 2017 年度的薪酬水平都在 50 万元以下。而中国平安 2017 年前 5 位董事、监事、高管税前薪酬都在 1000 万元以上，2007 年马明哲税前报酬为 6616.1 万元，薪酬的 99% 来自期权激励。②

毛刚（2005）分析认为，在组织管理者个人收入不能超过一个限度或实现的组织绩效不能低于一个限额的情况下，管理者的可行分配机制都将发生改变，分配机制往往达不到帕累托最优，只能是次优分配，此时不能达到纳什均衡，存在激励不充分。③ 相互保险组织的经济利益激励水平受到限制，会存在激励不充分，使分配机制不能达到帕累托最优，因此，需要以其他方式予以激励补偿。

（三）绩效目标更加难以准确评估的影响

激励与约束的目的是对行为人的动机和行为产生影响，使行为人朝着有利于组织目标实现的方向努力，最终实现组织的目标。股份制公司的目标是公司利润最大化或公司的股价最大化，这个目标简洁、明了，易于理解。但相互保险组织的目标却较为复杂，利润已不是其主要目标，做好对保东的保险金支付、保险理赔服务或防灾防损才是组织的主要目标，如何对这些目标的实现程度进行界定是复杂的，这将影响到对行为人的行动方向和努力程度的评价。

霍姆斯特姆和米格罗姆以经济人假设为前提对委托人向代理人委托多项任务时的激励机制进行了分析。多任务委托—代理模型指出："当委托人主要关心产出不可观察的任务时，不给代理人任何激励可能是最

① 罗后清，张继军. 西方利润分享制发展述评 [J]. 生产力研究，2008（22）：171.
② 新华报业网. 2008—03—26. 第 B02 版：财经.
③ 毛刚. 我国非营利组织内部治理机制研究 [D]. 成都：西南交通大学，2006.

好……很自然，我们可以期望代理人（如果他很喜欢他的工作）即便是在没有任何的经济激励的情况下（代理人的努力选择使得他边际的非财务激励等于边际成本）也付出一定的努力。在那样的情形下，因为努力替代问题，任何基于可观察产出 q_i 的激励可能实际上是起反作用的，因为它可能导致代理人转移在任务 i 上的努力。"[1] 霍姆斯特姆和米格罗姆（1991）还指出："对一项任务的激励可通过两种方式提供：或者对任务本身能提供奖励，或者一项任务的边际机会成本能通过消除或减少对竞争性任务的激励而降低。约束可作为绩效激励的替代，并广泛用于难以估计代理人绩效的情形。"相互保险组织的绩效目标难以准确评估，导致难以对代理人的业绩进行评价，不能评价则难以进行有效的外在奖惩。因此，应减少这种以外在的业绩评价为标准的激励与约束方式，采用使命感、责任感等来激励代理人的内在动力，同时应加强约束，对激励的不足给予补充。

（四）缺乏资本市场竞争环境的影响

对股份制公司而言，资本市场是一个重要的外部治理环境。一方面，公司股票的价格是管理层业绩评价的直观标准；另一方面，资本市场能发挥接管威胁的激励作用。曼尼（1965）认为："控制权市场提供了一个很好的外部治理机制，一旦公司是因为管理者缺乏效率的原因造成业绩表现不好，就会有投资者发现投资价值，对公司进行并购，然后加强公司治理，降低代理成本，提升公司业绩而获利。"[2] 上市公司的业绩指标一旦较差就会导致中小股东的"脚投票"，当股票价格降低到一定程度时，此时收购就会有利可图，市场就可能会出现收购者，达到一定比例后就能接管公司。非上市公司由于业绩差，行业评价也会差，出现资金或业务拓展问题时，资本市场上可能会出现发现商机的收购者，或大股东被迫低价转让股权。一旦公司被接管，必然会改组董事会，任命新的管理层。面对这样的威胁，为了保住自己的职位，管理层只能提升自己的能力，加倍努力地工作。但是，相互保险组织没有外部

---

[1]　帕特里克·博尔顿，马赛厄斯·德瓦特里庞. 合同理论 [M]. 费方域，等译. 上海：格致出版社，上海三联书店，上海人民出版社，2008：154, 152.

[2]　Manne，H. G. Mergers and market for corporate control [J]. Journal of political economy，1965（73）：110−126.

资本市场，会缺失资本市场在激励约束中的相应作用。没有资本市场竞争环境的约束，就需要强化经理人市场等其他外部约束及组织内部的激励约束机制。

（五）充满互助利他的文化氛围的影响

在股份制公司，追求更高的利润是公司的主旋律，在利益的驱使下，公司内部各团体之间以及公司之间充斥着竞争、冲突甚至尔虞我诈。相互保险组织中虽然也充满竞争和冲突，但同时也充满了互助友爱、助人为乐的和谐氛围，组织中各行为人更关心遭受意外损失的个体是否能得到足够的保障，恢复生产建设，维持生存与发展。相互保险组织这种天然的文化氛围会促进微观个体增强对非经济利益的偏好，为非经济利益激励约束机制发挥作用提供了良好的环境。

三、相互保险组织激励约束机制的模型分析

（一）与相互保险组织产出直接关联度强的激励

1. 模型假设与求解

假设：

1）相互保险组织观测到的产出是代理人（经营者）努力程度的线性增函数：$\pi = \lambda a + \theta$，a 表示代理人的努力程度，λ 表示努力程度的产值系数，θ 表示外部不确定性，θ 服从 $(0, \sigma^2)$ 的正态分布。$\pi'(a) > 0$，表示组织的观测产出随代理人的努力程度递增。

2）组织对代理人的激励合同：$s(\pi) = s_1(\pi) + s_2(\pi)$。其中，经济利益激励约束 $s_1 = t + \beta_1 \pi$，t 表示对代理人的固定报酬，β_1 表示激励约束的变动系数，经济利益激励约束是组织绩效的函数关系。非经济利益激励约束 $s_2 = \beta_2 \pi$，β_2 表示非经济利益激励约束系数或代理人的非经济利益动机系数。

3）组织激励约束产生的成本：$c(\pi) = s_1(\pi) + k s_2(\pi)$，组织激励约束代理人要支付 s_1 的经济报酬，进行非经济利益激励约束也可能会产生成本，但与代理人获得的收益并不相等，往往是花费较小的经济成本就可以产生显著的效果，k 表示组织进行非经济利益激励约束的成本系数，$1 > k > 0$，且远小于 1 接近于 0。

4）代理人的成本：$c(a) = ba^2/2$，$b > 0$，b 表示成本系数，$c'(a) > 0$，$c''(a) > 0$，代理人的成本随努力程度的提高而递增，并且递增的程度越来越大，呈现出边际成本递增的态势。

5）假设相互保险组织是风险中性，代理人关于经济利益激励约束的风险规避系数为 ρ_1，对非经济利益激励约束的风险规避系数为 ρ_2。代理人效用函数 $u = u_1(s_1) + u_2(s_2) - ba^2/2$，$u_1(s_1) = -e^{-\rho_1 s_1}$，$u_2(s_2) = -e^{-\rho_2 s_2}$。代理人风险成本为 $\rho_1\beta_1^2\sigma^2/2$ 和 $\rho_2\beta_2^2\sigma^2/2$。

6）代理人参与的最低效用为 $\bar{u}$。当获得的效用低于 $\bar{u}$ 时，代理人则会放弃参与组织。

7）相互保险组织是风险中性，效用函数 $v(\pi) = \pi - c(\pi) = \pi - s_1(\pi) - ks_2(\pi)$。

根据以上假设可得：

代理人期望效用 $E(u) = t + \lambda\beta_1 a + \lambda\beta_2 a - ba^2/2$，再加上代理人对风险规避所要考虑的风险成本后，得到确定性等价效用为 $u = t + \lambda\beta_1 a + \lambda\beta_2 a - ba^2/2 - \rho_1\beta_1^2\sigma^2/2 - \rho_2\beta_2^2\sigma^2/2$。

相互保险组织期望效用 $E(v) = \lambda a - t - \lambda\beta_1 a - k\lambda\beta_2 a$。

激励约束机制就是要确定 t，β_1 和 β_2，使得组织的期望效用 $E(v)$ 最大。要使组织效用最大，还必须符合两个条件：一是代理人参与约束，即代理人所获得的效用应大于等于他在组织之外能获得的效用，或称为机会成本，否则代理人就不愿意参与组织；二是激励相容约束，即作为最优解的努力程度不仅是委托人的最大效用，对代理人而言也是最优的。表达式为：

参与约束（IR）：$u = t + \lambda\beta_1 a + \lambda\beta_2 a - ba^2/2 - \rho_1\beta_1^2\sigma^2/2 - \rho_2\beta_2^2\sigma^2/2 \geqslant \bar{u}$，由于组织没必要给出过多的报酬，因此只需要取等号就行。

激励相容约束（IC）：$\max\limits_{a} [u(CE) = t + \lambda\beta_1 a + \lambda\beta_2 a - ba^2/2 - \rho_1\beta_1^2\sigma^2/2 - \rho_2\beta_2^2\sigma^2/2]$，由一阶化方法（IC）等价于：$\lambda\beta_1 + \lambda\beta_2 = ba$。

因此，激励约束模型优化为：

$$\max\limits_{\{t,\beta_1,\beta_2\}} [E(v) = \lambda a - t - \lambda\beta_1 a - k\lambda\beta_2 a] \tag{1}$$

$$t + \lambda\beta_1 a + \lambda\beta_2 a - ba^2/2 - \rho_1\beta_1^2\sigma^2/2 - \rho_2\beta_2^2\sigma^2/2 = \bar{u} \tag{2}$$

$$\lambda\beta_1 + \lambda\beta_2 = ba \tag{3}$$

在满足（2）和（3）的条件下，对（1）求偏导，并令偏导为0，得：

$$\partial[E(v)]/\partial\beta_1 = \lambda^2 - \lambda^2\beta_1 - \lambda^2 k\beta_2 - b\rho_1\beta_1\delta^2 = 0$$

$$\partial[E(v)]/\partial\beta_2 = \lambda^2 - \lambda^2 k\beta_1 - \lambda^2 2k\beta_2 + \lambda^2\beta_2 - b\rho_2\beta_2\delta^2 = 0$$

解得：

$$\beta_1 = (\lambda^2 - \lambda^2 k\beta_2)/(\lambda^2 + b\rho_1\delta^2)$$

$$\beta_1^* = [(k-1)\lambda^4 + b\lambda^2\rho_2\delta^2]/[\lambda^4(k-1)^2 - b^2\rho_1\rho_2\delta^4$$
$$- \lambda^2 b\rho_1\delta^2(2k-1) - \lambda^2 b\rho_2\delta^2] \tag{4}$$

$$\beta_2^* = [(1-k)\lambda^4 + b\lambda^2\rho_1\delta^2]/[\lambda^4(k-1)^2 - b^2\rho_1\rho_2\delta^4$$
$$- \lambda^2 b\rho_1\delta^2(2k-1) - \lambda^2 b\rho_2\delta^2] \tag{5}$$

$$a^* = [b\lambda^2\rho_1\delta^2 + b\lambda^2\rho_2\delta^2]/[\lambda^4(k-1)^2 - b^2\rho_1\rho_2\delta^4$$
$$- \lambda^2 b\rho_1\delta^2(2k-1) - \lambda^2 b\rho_2\delta^2] \tag{6}$$

由于 $1 \geqslant k \geqslant 0$，而且一般情况下 k 应接近于 0。为便于简化分析，令 $k=0$，$\lambda=1$，得：$\beta_1^* = 1/(1+b\rho_1\delta^2)$，$\beta_2^* = 1/(b\rho_2\delta^2-1)$。

2. 模型解析

1）经济利益激励约束与非经济利益激励约束同等重要

模型解出确定的激励约束系数 β_1^* 和 β_2^*，说明相互保险组织在保障代理人参与的前提下，同时实行经济利益激励约束和非经济利益激励约束，能达到代理人和组织的效用最大化，实现最优安排。经济利益激励约束和非经济利益激励约束都很重要。

2）代理人的努力程度包含经济和非经济两方面

根据激励相容约束（IC）$\max_a[u(CE) = t + \lambda\beta_1 a + \lambda\beta_2 a - ba^2/2 - \rho_1\beta_1^2\sigma^2/2 - \rho_2\beta_2^2\sigma^2/2]$，可等价于 $s_1'(a) + s_2'(a) - c(a)' = 0$。说明相互保险组织经济利益和非经济利益激励约束强度之和应等于代理人的边际成本支出，即代理人努力程度包含经济和非经济两方面。

3）代理人经济利益风险规避程度与激励约束的关系

从 β_1^* 可看出，ρ_1 越大 β_1^* 越小，说明代理人对经济利益的风险规避态度越强，相互保险组织越应该采用更小的变动激励约束。相互保险组织的微观个体对经济利益的风险规避态度比股份制公司的更强，因此，相互保险组织的 β_1 会更小。

4）产出可观测性的影响

δ 表示产出受随机因素影响的不确定性，δ 越大表示产出的观测难度更大。从 β_1^*，β_2^* 的值可以看出，δ 越大，其值越小，说明当产值观测难度大时，对产出值依赖越强的激励系数应该越小，尤其是直接以数据指标为依据的经济报酬激励应该更小。说明产出的观测难度、准确度对激励约束机制的建立有较大影响。

5）非经济利益激励能有效补偿经济利益激励的不足

由 $\lambda\beta_1 + \lambda\beta_2 = ba$ 可以看出，a 不仅随 β_1 的增大而增大，也随 β_2 的增大而增大。由 $\beta_1 = (\lambda^2 - \lambda^2 k\beta_2)/(\lambda^2 + b\rho_1\delta^2)$ 可以看出，β_1 随 β_2 的增大而减小。非经济利益激励的增大可对经济利益激励产生补偿，在经济利益激励受到制度限制的情况下，加强非经济利益激励有利于提高组织绩效。

6）代理人能力强弱的影响

b 是代理人的成本系数，如果代理人能力强，则会以更低的成本达到相应的努力程度，因此 b 会更小。从求解结果可以看出，b 越小，激励系数越大。说明代理人能力越强，所需激励越大。

（二）与相互保险组织产出直接关联度不明显的激励

前述模型分析涉及的是基于以产出为直接依据的经济利益激励和非经济利益激励，激励的强度与产出的关联度很强。对相互保险组织的微观个体而言，其还存在很多如使命感、责任感以及对工作内容或方式的喜好等与产出直接关联度较弱的非经济激励，这种类型的激励在产出难以界定的情况下能发挥更大的作用。与经济利益激励相比，这一类非经济利益激励存在两个特点：一是激励与组织的产出直接关联度差，难以直接根据产出结果来进行激励；二是激励的成本也与激励效果关联度差；三是激励的成本较低，甚至可能为 0，比如发一张奖状、口头表扬、工作内容的调整等。

1. 模型假设及求解

假设委托人产出 $\pi' = \lambda'a + \varepsilon$，随代理人努力程度 a 递增，且边际递减，由于非经济利益激励的成本与激励效果很低，甚至为 0，不失一般性，假设为 0。因此，委托人的效用 $v = \pi' - 0 = \lambda'a + \varepsilon$，即无论采用什么激励合同都不会增加委托人成本，委托人效用都随代理人努力程度的增加而增加，因此，最优的激励合同只需要满足对代理人的参与约束和激励相容约束就行。假设非经济利益激励合同为 $s_3 = \beta_3 a$，$\beta_3 > 0$ 为激励系数或代理人的动机系数，a 是代理人的努力程度，$a > 0$。同样假设代理人的成本：$c(a) = ba^2/2$，$b > 0$，b 表示成本系数，$c'(a) > 0$，$c''(a) > 0$，代理人成本随努力程度递增而且呈现出边际成本递增。$\bar{u}'$ 为代理人的保留效用。

代理人参与约束（IR）：$u = \beta_3 a - ba^2/2 \geqslant \bar{u}'$，以最低参与要求考虑，只需取等号。激励相容约束（IC）：$\max_a(\beta_3 a - ba^2/2)$。求解得：$a^* = \beta_3/b = \sqrt{2\bar{u}'/b}$，$\beta_3^* = \sqrt{2b\bar{u}'}$。

2. 模型解析

1）努力程度 a^* 随非经济利益激励系数 β_3 的增大而提高，随成本系数 b 的增大而降低，说明非经济利益激励越强，代理人越努力，委托人的效用也会增大，因此，应加强非经济利益的激励。

2）激励系数 β_3^* 随成本系数 b 的增加而增加，b 越大表示代理人耗费的成本高，能力较低，说明能力越低的人越需要加强激励，提高 β_3。

第二节 相互保险组织激励约束机制的基本框架

一、激励约束机制基本框架的理论依据——基于激励理论

行为主义学派强调外在激励对行为人的影响。创始人华生提出了"刺激—反应"理论，认为激励就是采取激励手段，选择诱激物来诱发行为人的动机，诱导其行为。斯金纳则进一步提出激励不仅涉及所采取的刺激变量，还与行为人主观上对刺激变量的需要程度相关，只有满足了行为人的某种需要，其行为才会被强化，否则就会减弱或消失。认知学派强调行为人不是机械地受外在刺激因素的影响，而是外部环境刺激和内部思想认识相互作用的结果。波特和劳勒 1968 年在《管理态度和成绩》中提出了将外在激励和内在激励相结合的综合性激励模型，把激

励过程看成是外部刺激、内部条件、行为表现、行为结果相互作用的统一过程。如图 6－2 所示，个体完成业绩后会得到两类报酬：一类是外在报酬，包括奖金、地位等；另一类是内在报酬，即一个人的自我成就感、存在感、自我价值的实现等，内在报酬往往属于较高层次的马斯洛需求。内在报酬和外在报酬是否能够使个体得到满足感，还依赖于个体的主观公平感觉，如果得到的报酬高于或等于他所理解的公平报酬，就感到满足。个体的满足感对其个人的报酬价值及实现工作绩效的可能性共同影响个体的努力程度。努力程度与环境条件、自身能力和他对角色的理解程度共同影响工作绩效的实现。

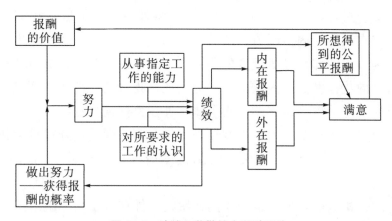

图 6－2　波特—劳勒综合激励理论

激励就是促使个体产生行为动机的措施，个体的工作动机分为内在动机和外在动机，内在动机是个体因工作本身有趣或个体对工作喜欢而产生的工作欲望。有学者指出内在动机有三个层面的含义，即工作是出于自己对新知识的求知渴望，是追求一种参与和完成的感觉，满足奉献的意愿。外在动机指因工作以外的原因形成的工作意愿，如获得经济报酬、职务升迁、声誉提高等。内在动机的产生和作用具有个体性和社会性，个体性指个体自身的年龄、性格、知识结构、成长背景等会产生动机差异的因素，社会性又包括工作内容和工作环境。工作特征模型理论认为恰当地对工作的内容、方式进行设计能增强个体的内在动机（Hackman & Oldham，1980），"任何工作都可以用技能多样性、工作完整性、工作重要性、工作自主性和工作反馈五个维度来衡量。这五个核心工作特性能够使员工体验到三种心理状态——对工作意义的体验、对工作结果责任的体验以及对工作活动实际结果的认知"[1]。Deci 等学者提出了自我决定理论，其中认知评价理论将工作环境的因素划分为信息性、控制性和去动机性三种类型，"信息性的事件促进个体内在的因果知觉与胜任感，由此提高个体内部动机的水平；控制性的事件产生的是一种压力，提高个体外在因果知觉的水平，降低自主的感觉，从而削弱内部动机；去动机性的事件意味着无效的事件，导致个体产生无胜任力的感觉，这种感觉削弱内部动机"[2]。研究表明，内在动机与外在动机之间既存在互补又存在"挤出效应"。自我决定论的另一个子理论——有机整合理论提出个体的动机就是一个从无自我决定到自我决定的有机整合过程，Ryan 和 Deci（2004）将外在动机根据自我整合程度细分为外在调节、内摄调节、认同调节和整合调节四种形式动机。外在调节是为获得外部奖励或规避处罚而产生的动机，是一种更为纯粹的外在动机，内化程度低。内摄调节是为实现自我价值而产生的动机，是部分内化的外部动机。认同调节指个体将外在目标视为自身目标的重要组成部分而产生的动机，内化程度较高。整合调节则是指外在目标和自身目标完全一致而产生的动机，内化程度最高，具有最多的自我决定成分。

与动机相对应，激励也分为内在激励和外在激励，美国组织行为学家 Dill（1990）认为，总激励水平是外在激励和内在激励之和，内在激励包括过程激励和成就激励。Bem 和 Deci 等学者研究认为，当个体感知到存在强大的外在诱激物时会认为自己的行为动机主要是外在激励的结果，如果没有感知到强大的外在诱激物，则会认为自己的行为主要依赖于内在激励。同样，内在激励与外在激励间也存在挤出效应和补充效应。以相互保险组织的红利分配为例，如果红利分配过高，保东本来较强的互助利他感及正常的风险规避感就会降低，感觉自己是在为获得红利而进入组织，再反思会认为既然是为了红利还不如直接从事其他投资，可能会因此离开组织。如果给予保东互助利他的荣誉奖励，则会激发保东的内在使命感，体现出外在激励和内在激励的协同效应。

---

① 杨红明，廖建桥. 企业员工内在工作动机研究述评 [J]. 外国经济与管理，2007（3）：36.
② 张剑，张建兵，李跃，Edward L. Deci. 促进工作动机的有效路径：自我决定理论的观点 [J]. 心理科学进展，2010（5）：753.

二、相互保险组织激励约束机制的基本框架

从上述综合型激励理论可以看出，外在激励和内在激励既有互补性又有替代性，组织应采用内在性激励和外在性激励相结合的综合性激励机制，而且需注意两者的匹配要适度。在股份制公司，微观个体具有强烈的经济利益追求，虽然也会涉及成就感等其他偏好，但处于非常弱势的地位，因此，股份制公司中的激励约束机制往往以外部的经济利益报酬为主要诱激物，如变动性较大的绩效薪酬、利润分成、股权、期权等，相互保险组织却不同。

首先，相互保险组织的微观个体不仅有经济利益的追求，同时还有互助利他偏好带来的更为强烈的使命感、责任感、成就感。"Bolino（1999）指出组织公民行为可能会出于利他动机和对自我的印象管理而产生，这种利他动机是一种内生动机，而印象管理则源于控制性动机。"[1] 说明相互保险组织内在动机的作用也较强。

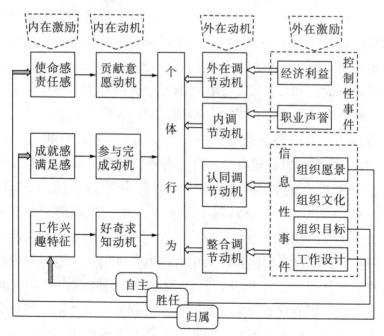

图6－3　相互保险组织激励约束机制基本框架图

---

① 杨红明，廖建桥. 企业员工内在工作动机研究述评［J］. 外国经济与管理，2007（3）：38.

其次，相互保险组织的微观个体具有更强的风险厌恶程度所带来的更低的经济报酬敏感性，组织为了传递互助宗旨而不能给予经营者过高的经济报酬，对经营者的考核指标又难以精准量化，这些特殊性导致相互保险组织不能像股份制公司那样实行以经济利益为绝对主导的激励约束机制体系。只能采用更多的非经济利益激励与约束，从内在动机、内摄调节动机、认同调节动机和整合调节动机的角度来影响个体的行为。

因此，内外并重的综合性激励约束机制框架对相互保险组织有更为重要的意义。如图6—3所示，内外有机结合的激励约束机制框架不仅仅是两者的并行叠加，而且外在激励还通过对内在激励的促进作用来增加激励效果。相互保险组织的内在激励可分为三类：一是使命感和责任感激励，对个体的贡献意愿动机产生影响；二是成就感激励，影响个体工作参与的动机；三是工作兴趣特征激励，影响个体对工作的好奇心和求知欲的动机。按照认知评价理论将外部环境分为控制性事件和信息性事件的分类标准，外在激励可分为控制性激励和信息性激励两大类。控制性激励又包括经济利益激励和职业声誉激励，经济利益激励影响外在调节动机，职业声誉激励影响内在调节动机。信息性激励包括组织愿景激励、组织文化激励、组织目标激励和工作设计激励，这四项激励通过影响认同调节动机和整合调节动机来激励个体的行为。外在激励不仅直接对个体的外在动机产生影响，还会通过对内在激励的影响来进一步影响个体的行为，形成叠加效应。Deci和Ryan等人的自我决定理论认为："人有三种基本的心理需要：自主需要、能力需要和归属需要。凡能满足这三种需要的社会事件与环境都能促进行为的内在动机。"[1] Eisenberger、Cameron及Deci等学者认为："外在精神激励会增强个体的内在动机，与内在薪酬激励产生协同效应；外在物质激励大多会降低个体的内在动机或没有影响，而其中有绩效条件的物质激励对内在动机的弱化效果更加显著。"[2] 因此，经济利益激励会降低内在动机或无影响，职业声誉即职业发展和职业荣誉，这些职务提拔或精神奖励会明显激励个体的行为，同时也能在部分程度上提升个体的成就感等体验。组

---

① 陈志霞，吴豪. 内在动机及其前因变量 [J]. 心理科学进展，2008 (16)：99.
② 贺伟，龙立荣. 内外在薪酬组合激励模型研究 [J]. 管理评论，2011 (9)：95.

织愿景和组织文化的激励能通过满足个体归属感的需要，提升个体的使命感和责任感，体现个体的社会性。组织目标则能通过满足个体胜任感的需求，进而提升个体的成就感。工作设计激励即对工作内容进行设计，通过满足个体在工作中更多的自主性需求，提升个体工作的兴趣和爱好。总体来看，属于控制性激励的经济利益激励和职业声誉激励对内在激励不具有明显的正向促进作用，而属于信息性激励的组织愿景激励、组织文化激励、组织目标激励和工作设计激励则对内在激励有较强的促进作用，并且在很大程度上需要通过转化为内在激励来发挥作用。

第三节　我国相互保险组织激励约束机制的实证分析

一、各相互保险组织的激励约束机制

（一）阳光农业

阳光农业提出公司发展目标是做优专业化公司。以立足农业农险为根，互助服务"三农"为本，追求卓越和谐发展。宗旨是为农民谋福祉，为农村谋和谐，为农业谋发展。品牌文化理念是走进阳光，共享温暖。核心价值观是守信用、担风险、重服务、合规范。组织精神是艰苦奋斗、勇于开拓、顾全大局、无私奉献。

在高管聘用上，既从人保财险等其他保险公司引进人才，也从内部提拔人才，如现任总经理就是从下级分支机构提拔的。在经济报酬上，阳光农业所有的董事、监事及高管均在公司领取薪酬。董事、监事、高管薪酬实行年薪制，根据经营业绩考核发放（见表6—1）。由于2015年公司实现净利润4.19亿元，2016年实现净利润1.6亿元，2017年实现利润1.6亿元，董事、监事、高管的薪酬也有所变化。

表6—1　2015—2017年阳光农业董事、监事、高管薪酬情况

年度	薪酬（元）	董事人数	监事人数	高管人数
2015年	50万~100万	3	1	4
	50万以下	5	2	0

续表6-1

年度	薪酬（元）	董事人数	监事人数	高管人数
2016 年	50 万~100 万	1	0	0
	50 万以下	7	3	4
2017 年	50 万以下	8	3	4

资料来源：根据阳光农业 2015 年、2016 年年报统计。

（二）信美人寿

信美人寿提出了鲜明的价值观和经营理念。价值观是美、诚信、创造力、追求卓越，使命是让互助精神改变社会生态，经营理念是共创、共建、共生、共赢。信美人寿在官网上建立了员工心声平台，展现员工风采。在经济报酬方面，从 2017 年 5 月开业至 2017 年年底的 8 个月，包括董事长、独立董事、总经理、副总经理、总精算师、合规负责人、董事会秘书、财务负责人、审计责任人等关键管理人员在内的报酬（含工资及福利费）共计人民币 1774 万元。根据组织网站披露的信息，领取报酬的关键管理人员约为 13 人，人均报酬较高。

（三）众惠财产

众惠财产也着力进行了组织文化的打造，提出"呵护向善的力量""连接善念，实现人生正价值"，追求一种善的行为关系。该组织致力于促进社会和谐，缩小贫富差距，实现世界大同，呵护人们追寻更好生活的希望，也乐见全社会的善念得以延续。其打造了员工心声平台，提出"不断更新、不断成长""换位思考、用心服务""不做中年油腻大叔"等口号。2017 年全年支付关键管理人员薪酬为人民币 587.23 万元。经中国保监会核准批复履职共 13 人，其中董事 7 人、监事 3 人、高管 3人。2017 年收入 50 万元以下的人数为 9 人（含 6 位董事、3 位监事），50 万元至 100 万元（含 100 万元）的人数为 2 人（高管），150 万元至200 万元（含 200 万元）的人数为 1 人（高管），200 万元以上的人数为1 人（董事）。

（四）汇友建工

汇友建工提出秉承"一切以会员为中心"的宗旨，致力于成为最值得会员信赖的相互保险企业。汇友建工通过薪酬福利、工作环境、教育培训等方面，使得全体员工获得安全感、归属感，提高了员工的满意度和忠诚度。自 2017 年 6 月开业至 2017 年年底，该公司所承担的关键管理人员报酬为人民币 335 万元。

从激励情况看，几家组织都积极通过组织文化的打造，实施了一定的使命感、责任感、成就感的激励。在报酬激励上，阳光农业根据业绩情况进行考核发放，信美人寿和众惠财产因成立时间不足一年，考核不足。但从报酬水平看，阳光农业相对较低，其余三家组织的报酬水平均较高。

二、存在的问题

（一）非经济报酬激励不足

几家组织虽然都在组织文化上有所作为，但多停留在表面，没有更为深入、细化的具体措施，使得使命感、成就感深入人心的程度不够，难以真正起到激励作用。

（二）部分组织的经济报酬激励与组织宗旨不匹配

在非经济报酬激励不足的情况下，部分组织实施了更高的经济利益报酬激励，新成立的三家公司关键管理人员的收入都比较高，甚至高于股份制保险公司。信美人寿在 2017 年 5 月 11 日（注册成立日）至 2017 年 12 月 31 日期间，关键管理人员的报酬包括工资及福利费共计人民币 1774 万元。根据组织网站披露的信息，领取报酬的关键管理人员约为 13 人，人均 136 万元。众惠财产于 2017 年 2 月成立，截至 2017 年 12 月 31 日，支付关键管理人员薪酬为人民币 587.23 万元，其中，年收入 50 万元以下的人数为 9 人，50 万元至 100 万元（含 100 万元）的人数为 2 人，150 万元至 200 万元（含 200 万元）的人数为 1 人，200 万元以上的人数为 1 人。中国保险行业协会发布的《中国保险行业人力资源报告 2017》显示："2016 年保险业核心管理层总薪酬水平的平均值为 165.02 万元，行业高层管理者总薪酬水平的平均值为 77.73 万元。"[1]

---

① 中国保险行业协会. 2017 年中国保险行业人力资源报告［R］. 北京：中国金融出版社，2017.

应该说，这两家组织关键管理人员的薪酬都偏高，持平或远高于保险业平均薪酬，不能给公众传递"一切以会员为中心"的宗旨。

第四节　相互保险组织激励约束机制的构成与构建原则

一、激励与约束机制的构成

（一）激励机制的构成

1. 使命激励

在股份制公司，由于强烈的经济利益激励，公司的愿景、成员的使命往往成为一个空洞的口号，对成员的实际影响较小。但相互保险组织本身成立的初衷就是互相帮助，因此，组织的愿景对成员的激励是很重要的。相互保险组织应对组织愿景和使命进行充分的描述，深度提炼，高度概括，在成员心中打上深深的烙印，激励成员的使命感。董事、监事、高管等关键管理人员更应成为使命的代言人和忠实的践行者。

2. 成就感激励

成就需要是指个体对重要的、有难度的工作争取成功、希望做到最好以实现征服欲的需要。哈佛大学教授麦克利兰认为成就需要和成就动机是人类独有的，是在社会交往中形成的，因此不同的个体成就感也是有差异的。相互保险组织成员与组织具有相同的愿景、使命，为了完成使命，成员愿意付出努力，为使命的完成添砖加瓦，有成绩，有贡献。成就需求的特点是目标具有挑战性，人们通过努力去解决问题，而不是坐享其成，并且结果信息反馈迅速。为了激发成员的成就感，组织的工作设计应与成员的情况相匹配。

3. 组织目标激励

目标是个体行为的精神支柱，有目标，个体的行为才有方向和动力。相互保险组织的目标是使命的阶段性具体化分解，有了目标，使命才不会空洞化。组织目标可以通过任务分解给个体带来强烈的压力刺激，也能在个体达成目标后转化为成就感，发挥有效的激励作用。相互保险组织的目标包括组织的生存和发展壮大两方面，目标的设定应科学合理，具有一定的挑战性，同时也应与成员的个体目标联系起来，达到组织目标与个人目标的协调统一。

4. 组织归属感激励

个体总是有群体认同的偏好，得到组织的认可，使个体有更强的信任感、归属感、安全感，这将激起个体的自尊心，促使其产生向上的动力，更有愿意为组织出力的冲动。因此，相互保险组织应建立良好的组织文化，有民主、透明和公正的决策机制，互信、互助、自由沟通的氛围，以对成员产生巨大的凝聚力和感召力。

5. 经济报酬激励

经济报酬激励是最典型的外在性激励，是最直接、效应最快的方式。按照马斯洛的需求层次理论，经济报酬激励属于个体参与工作的低层次激励，但这也是激励机制的基本前提，是其他各类激励机制的基础。只有这些基本需求得到满足，个体才会进入组织、留在组织，才能谈得上后续更为努力地去实现组织更高的目标要求。经济报酬激励包括变动性绩效薪酬、年度奖金、实物奖励等。

6. 职业声誉激励

职业声誉主要包括职业荣誉和职业发展。职业荣誉包括拥有不同的社会资源，如权力、发展前景等，还包括社会的评价，形成良好的职业声望。职业发展指个体对今后职业的关注和期望，包括继续保持当前的职位，或本组织之外的职业的发展，如通过当前的工作增加知识、经验和能力，以及提升声誉，为未来的更好职位打下基础。职业发展意味着对未来社会资源的拥有，如权力、财富。因此，对个体实施提拔、口头表扬、书面嘉奖、授予荣誉称号等也能直接发挥有效的激励作用。

7. 竞争激励

在组织中开展竞赛、竞争是一种有效的激励方式，能激发个体自尊和自我激励的强烈欲望，调动个体的工作积极性，激发灵感和热情，也会促进内部合作，增进凝聚力。相互保险组织可以通过岗位竞聘来选拔管理人员，也可通过保东参与组织治理活动次数的评比来激发大家的

热情。

(二) 约束机制的构成

1. 组织文化约束

组织文化是个体对组织的强烈认同感，不仅能起到激励作用，也能起到约束作用，当个体行为与组织需要相悖时，个体会感到失去归属感的压力，甚至可能会受到谴责，以至于影响个体的声誉。

2. 制度约束

制度约束就是将个体的行为纳入组织的制度进行规范。除国家法律法规外，相互保险组织的章程、制度及各类办法就是对组织个体的规范性要求，通过建立这些制度，使个体的行为有章可循，便于操作，如果没有这些制度，个体的行为就会出现混乱，也缺乏依据来进行评价、规范和纠正。

3. 处罚约束

处罚是最为强烈的外在性约束机制，通过实施经济处罚、批评教育等手段，能对个体的错误行为进行约束、纠正，尤其是当个体出现败德行为和违规现象时，必须及时纠正个体与组织目标背离的行为，避免影响扩大，破坏整个相互保险组织的社会形象和公信力，甚至破坏组织良好的文化氛围，最终影响组织的持续健康发展。惩罚约束既有物质惩罚，也有精神处罚，如撤销荣誉称号、通报批评等。

4. 竞争约束

竞争不仅有激励的作用，更是重要的约束手段。竞争者的存在会对个体形成威胁，个体随时可能被替代，为了不被取代，个体就会更加努力地做好工作。无论是股份制公司还是相互保险组织，经理人市场竞争都是一项有效的约束机制。形成一个经理阶层，成为一个专门化职业，可以给经理人带来压力，产生努力学习、积极创新、勤奋工作的动力。保险产品的市场竞争也能产生约束作用，一旦保东认为其他组织的保险产品更优越，就会采用"脚投票"的方式，影响组织绩效，对管理层产生负评价。

5. 道德舆论约束

荣辱之心，人皆有之。相互保险组织的个体往往更看重自己的声誉，尤其是董事、监事、高管等关键管理人员。在道德舆论约束中，媒体又发挥着重要的作用，在当今的网络时代，不仅有传统网站、报纸，更有众多的自媒体。"好事不出门，坏事传千里"，这会形成一种强大的舆论监督，约束个体的行为。

二、激励与约束机制的构建原则

（一）激励相容

哈维茨（1972）说如果一项制度能使个体行为人追求自身利益的同时也能实现集体利益目标的最大化，这种制度就是"激励相容"的。相互保险组织构建激励约束机制的目的就是引导个体，使个体的行为方式和结果符合组织的集体目标要求。股份制公司中以利润最大化为主要目标，个体的自利目标也是经济利益最大化，两个目标具有较强的一致性，且简单明了，容易设计出激励相容的机制。相互保险组织中，无论是组织还是个体，其目标都具有多元性，有的目标是统一的，有的目标却是冲突的，比如组织以提供良好的理赔服务为主要目的，保证性资金提供者却希望组织尽快盈利，管理层也希望压缩理赔成本提高奖金。如何将复杂的目标融合在一起，实现激励相容，对相互保险组织而言显得更为困难和重要。

（二）激励与约束相结合

激励和约束本是一个问题的两个方面，有对正确行为的鼓励，就应有对错误行为的惩戒，二者相辅相成，才能确保个体行为符合组织要求。在相互保险组织中，可能会出现四种情况：一是激励和约束都不充足，此时，个体可能因无法在激励中获得满足而转向约束中的机会主义，增加组织的隐性成本。二是激励充足约束不足，此时个体会因高额的激励诱导而努力工作，但由于约束不足，容易产生机会主义行为，增加其"控制权收益"。高薪未必能养廉，那些巨贪的公职人员已经贪污了巨额公款仍然不收手，不是因为收益不足，而是缺少约束。三是激励不足约束充足，此时的个体容易出现"懒惰"现象，消极怠工，只要遵守规章制度、不被处罚就行了，更不会主动去创新。四是最佳理想状况的激励和约束都充足的情况，给予个体一个奖罚分明的良好氛围。

（三）外在激励与内在激励相结合

根据综合性激励模型，相互保险组织必须综合运用内在激励和外在激励，而且要注意二者的匹配、协调，互相促进，尤其是相互保险组织具有比股份制公司更为突出的成就感、使命感和责任感激励。笔者在同一位筹建相互保险公司的高管沟通时，问到他为什么要筹建相互保险公司而不去筹建股份制保险公司，他的回答是"作为一名资深保险人，股份制公司已被贴上了'只收钱不管理赔的骗子'的标签，我们要为保险人的尊严而努力"。这在一定程度上说明了内在激励对相互保险组织的重要性。

（四）物质激励与精神激励相结合

马斯洛将人的需求分为五个层次，其中，生理需求和安全需求主要是对物质层面的需求，其他三个层次的需求则属于精神层面的需求。物质层面的需求主要由物质作为诱激物激发个体的工作动机，精神层面的需求主要由责任感、成就感、使命感、归属感以及荣誉表彰等非经济手段来激发个体的潜能。对于精神层面的激励，相互保险组织比股份制公司更为突出，因此加强精神激励是毫无疑问的。但是，相互保险组织也不能因为强调精神激励就忽视物质激励，生理需求和安全需求是其他三项需求的基础，只有这两项需求得到一定程度的满足，需求才能提升到更高的层次。Weinstein（1989）认为："非营利组织和营利组织之间存在人才竞争，这些人不仅关心组织的使命，也同时重视经济利益的需求，这是现实的问题，因此……经济利益的激励不是用不用的问题，而是怎么用的问题。"[①]。Steinberg（1990）认为即便"非盈余分配"原则是非营利组织和营利组织间差异的主要标志，非营利组织也不能完全排斥激励性的薪酬。[②] 既然非营利组织都强调薪酬激励，相互保险组织就更应该注重物质利益激励，如工资、奖金、保东的足额赔款及红利等，将物质激励与精神激励结合起来。

---

① Weinstein J R. Financial incentives for non-profits [J]. Fund raising management，1989，20 (7)：28－33.

② Steinberg R. Profits and incentive compensation in non-profit firms [J]. Non-profit management and leadership，1990（1）：137－152.

第五节　保东代表激励约束机制的实施策略

对保东代表进行激励，主要希望他们能积极参与组织的治理，而不是"事不关己，高高挂起"。保东代表积极参与治理，就能对董事、监事以及高管形成有力的指导和监督，提高组织的治理水平。

一、保东代表参与治理的行为动力分析

（一）互助是保东代表参与治理的行动基础

股份制财产保险公司是由股东出资，共担风险，分享收益，股东之间是互利关系，相互之间又存在博弈。虽然公司依赖于保单持有人缴纳的保费来承担风险损失，但是，保单持有人之间并没有直接的互助关系，当风险事件超过精算假设或因管理层经营管理不善造成公司偿付能力不足时，需要股东增加资本投入，保单持有人并不关心公司的经营状况，不必担心公司的偿付能力，只需要根据合同约定要求公司履行赔付责任。在相互保险组织中，组织的偿付能力不足时，遭受损失的是作为保单持有者的保东自己。因此，保单持有人必须在公司治理中采取集体行动，对管理层实施有效监督，保证保险资金不受侵蚀，维持救助平台的继续运行。集体主义的互助精神激励是激励保东增进集体利益的动力。Johnston Birchall 和 Richard Simmons（2004）经过调查研究指出："相互制组织中的成员受到集体主义的激励，有较为强烈的共同体意识和共享价值与目标的意识。"[①] "同质性群体的社会距离小，更能激发群体成员的社会偏好和群体认同，从而增加公共品供给。"[②] 相互保险是"具有同质风险保障需求的单位或个人，通过订立合同成为会员"[③]。因

---

① Johnston Bir chall & Richard Simmons. What Motivates Members to Participate in Co-operative and Mutual Businesses? A theoretical model and some findings [J]. Annals of Public and Cooperative Economics，2004（3）：465－495.

② 夏纪军. 公平与集体行动的逻辑［M］. 上海：格致出版社，上海三联书店，上海人民出版社，2013：156.

③ 《相互保险组织监管试行办法》第二条。

此，相互保险组织的保东具有同质性，更容易激发社会偏好和群体认同，保东互相帮助，作为保东一员的保东代表也不例外。

（二）自利是保东代表参与治理的行动激励

自利性是相互保险组织保东区别于一般非营利组织会员的重要特征，非营利组织会员的自利性不强，有的甚至是完全利他的，比如财团非营利组织。相反，为了保障自身的风险，保东才会愿意缴纳保费成为相互保险组织的一员，其利益诉求来自两方面：一是发生保险事故时能够获得赔款，只有当公司偿付能力充足时，获取保险赔款的权利才有保障；二是公司经营有盈余时能够分配红利，公司经营的盈余来自成本的节约和资金运用，一旦公司管理层经营不善，就会造成偿付能力不足，盈余少甚至亏损，为了使自己的赔款更有保障，以及获取更多的红利，保东代表就有参与治理的积极性。

（三）保东代表参与治理行动的消极因素

保东虽然存在参与组织治理的积极因素，但也存在明显的消极因素。一是保东代表有侥幸心理，觉得自己命大福大，不容易出保险事故，不会涉及理赔款项。二是保东代表认为有保险合同为依据，有《保险法》《合同法》等国家法律法规作保障，还有中国保监会等国家机关对相互保险组织的偿付能力进行监管，不用担心理赔是否有保障。三是保东代表对红利分配的期望并不强烈，更多地认为保东区别于股份制公司中保单持有人的并不是可以得到红利，而是相互保险组织的保险费率更低。至于组织破产后作为权利人可以获得的破产收益分配，保东更觉得与自己几乎没有关系。在这种情境下，保东代表的自利激励并不强烈。

二、保东代表的激励约束策略

（一）对保东代表的激励约束

主要应依赖内在性激励，即使命感激励、责任感激励和成就感激励。由于保东代表的委托人是不同的保东，不同保东之间存在多样化甚至相互冲突的观点要求，代理问题更为复杂化。保东代表的委托人虽然有众多不同的委托要求，但有一个要求是一致的，即组织的生存和发展，只有组织生存下来并不断发展，保东的互助使命感才能得到满足，保险理赔才能得到保障。保东代表就要将保东不同的具体化要求提炼为组织生存与发展的共同要求，然后按照自己的理解采取行动。而保东代表如何进行自由裁量，从什么角度采取行动，需要以崇高的使命感、责任感和成就感来激励、引导。为此，要加强相互保险组织的文化宣传，让保东代表充分感受到组织的愿景与文化氛围，提高对组织互助精神的认识，增强保东代表的使命感、责任感。对保东代表参加组织治理活动的情况进行公布，如参加会议、参与投票、提出建议等情况，并对参与情况良好的保东代表给予表扬，以此来增强保东的成就感、荣誉感。

（二）适当进行红利分配

保东代表本来对红利不抱大的期望，但如果组织能在偿付能力充足的前提下给予保东适当的红利，会给保东代表带来意外惊喜，使保东代表感受到组织经营良好的好处，进而关注组织的治理情况。阳光农业从成立以来还未进行过分配，尽管截至 2017 年年末未分配利润已达 9.4 亿元，这也是公司保东感觉和其他股份制保险公司没有区别、缺乏积极参与公司治理活动的原因之一。但是，红利的分配必须适度，按照内在激励和外在激励的挤出效应原理，如果红利分配过多，保东代表的外在激励感受强，而关于使命感、责任感等内在激励的感受则会变弱，保东代表会认为这背离了互助的初衷而离开组织。

（三）对保东代表给予适当的费用补贴

保东代表参与治理总是会发生一些成本费用，有的保东代表在自己直接付出成本与只能间接获得收益之间进行权衡，容易出现"搭便车"心理，可能因此不愿意参与组织治理活动。如果给予保东代表适当的补贴，冲抵保东代表所付出的成本，能有效地打消其顾虑。

（四）建立约束机制

要求保东代表定期向所代表的保东述职，接受质询，严重履职不到位，可表决罢免代表资格。保东代表往往比较注重声誉，有利于对其形成约束。

第六节　董事、监事的激励约束机制的实施策略

董事和监事是治理结构的核心成员，在相互保险组织的治理中发挥着极为重要的作用。作为受托人，董事和监事能否积极履行好信托责任，关系到相互保险组织的董事会制度能否真正有效地发挥作用。不同类型的董事和监事有其委托人上的差异，激励与约束机制的具体实施也有所差异。

一、保东董事、监事激励约束机制的实施策略

保东董事和监事由保东通过自荐，然后保东（代表）大会票决选聘确定。保东董事、监事受保东（代表）大会委托行使对组织的治理权，也存在委托—代理问题，需要激励约束机制，以促使董事、监事按照委托人的要求开展工作，实现其目标要求。

（一）保东董事（监事）的行为动力分析

由于保东董事（监事）也是保东，他们也有自身理赔保障的需求和红利分配需求，且这方面的需求对董事和监事行为的动力同样也比较弱。在互助精神方面，虽然具体个体存在差异，但从总体上看，保东董事和监事的使命感、责任感和成就感应该远高于股份制公司的董事和监事，而且也高于普通保东。综合来看，保东董事和监事的内在性行为动力与普通保东较为类似。外在动力方面，认同调节动机和整合调节动机能与内在动机协同形成动力，另外的经济报酬和职业声誉需求则是保东董事和监事比较看重且典型的需求，恰当地满足其需求则能形成有效的行为动力。

经济报酬指董事和监事在经济利益方面的需求，如工资、奖金、福利等。保东和保东代表耗费在组织治理行动上的精力较少、成本较低，他们的经济收入也主要来自其他职业，因此，其对经济报酬的要求不高。董事和监事则不同，他们需要储备较为专业的相关知识、投入较多的精力，因此，虽然他们往往也是兼职，有其他主业作为收入来源，但仍然有比保东或保东代表更高的经济报酬要求。

职业声誉包括职业荣誉和职业发展。职业荣誉对董事和监事很重要，它体现了董事和监事在工作和行为中受到尊重、认可、信任等自身情感性需求及价值实现的需求。拥有了相互保险组织董事或监事的职位就表示行为个体多了一份职业荣誉，而且会保持恒定性，只要其在位职业荣誉就存在。但是，当相互保险组织出现一些导致社会负面评价的事件时，职业荣誉将成为一种风险，也会给董事和监事造成名誉损失。职业发展指董事和监事对今后职业的关注和期望，包括继续保持当前的董事或监事职位，或保持本组织之外的职业的发展，如通过当前的工作增加知识、经验和能力，以及提升声誉，为未来的更好职位打下基础。职业发展意味着对未来社会资源的拥有，如权力、财富。职业发展也可视为未来职业荣誉和经济报酬的折现。因此，职业发展与职业荣誉和经济报酬存在一定程度的替代作用，即使目前没有好的职业荣誉和经济报酬，董事或监事也会努力工作。

根据保东董事和监事行为动力的分析，激励约束机制可从两方面考虑：一是内在激励和信息性激励，组织愿景、文化、目标等外在性激励很大程度上也是通过对成就感、使命感的提升来发挥激励作用的；二是以经济报酬激励和职业声誉激励为主的外在控制性激励。

（二）保东董事、监事激励约束机制的具体实施策略

1. 提高组织使命认同度，建立以使命为中心的价值观和组织文化

相互保险组织与股份制公司最大的差别之一就在于股份制公司以经济利益为先，相互保险组织以使命为先。相互保险组织必须通过使命吸引、凝聚组织参与者，而不是仅仅以经济利益吸引参与者。相互保险组织建立以使命为中心的价值观，并借此构建以价值观为核心的组织文化，形成浓厚的非经济利益氛围，能有效地激励和约束组织参与者。董事和监事一般是有一定资历的人员，按照马斯洛的需求层次理论，他们基本上已经超越了生理和安全层次的需求，对他们而言，社交、尊重和自我实现层面的高层次需求更为重要，采用价值观和组织文化的熏陶对满足他们的高层次需求显得更为重要。因此，按照斯金纳的强化理论，应要求董事和监事尽可能多地参加组织文化方面的活动，不断地重申组

织的使命，形成正向的强化激励，防止董事和监事因一年只参加几次会议而导致使命感淡化。

2. 建立良好的经济利益和职业声誉激励约束机制

(1) 从职业荣誉和职业发展方面进行激励和约束

从激励上看：首先，建立相互保险组织良好的社会形象。组织有良好的社会形象就意味着董事和监事的职位地位和职业声望较高；反之，组织在社会中的负面评价会对董事和监事的职业荣誉产生不良影响，董事、监事可能会消极应对工作甚至不愿意担任此职务。其次，给予董事和监事长期合作的博弈预期。让董事和监事感受到有机会可以继续在组织中担任重要职务，他们就更愿意为此而努力，做出好的表现。最后，形成表彰奖励机制，采取续聘、物质奖励或精神奖励的方式来肯定董事和监事的工作，使董事和监事获得精神上的满足感和职业发展或经济报酬上的满足。从约束上看：通过加强法律法规及组织制度的执行监督，建立董事和监事违纪行为记录和公示机制，一旦出现不良记录就会影响其职业荣誉和职业发展。

(2) 经济报酬激励

从经济报酬的构成上看，在股份制公司，董事、监事的薪酬主要有以下几种形式：年度聘用费、会议津贴、股票、股票期权、年度奖金和退休计划、延迟薪资计划、顾问费等，对于这些薪酬形式的激励效应，国外有较多的实证研究，但结果并不统一。对相互保险组织而言，股票、股票期权已经不存在，保东董事和监事又是兼职，属于任期聘任制，也不存在年金和退休计划、延迟薪资计划。因此，可以借鉴股份制公司的经济报酬构成，对保东董事和监事的经济报酬激励采用年度聘用费、会议津贴，年度聘用费是每年固定支付的部分，会议津贴是董事和监事出席会议时每次支付的津贴。因为保险业务的业绩体现有明显滞后性，为了加强董事、监事的责任感，也可设定一部分延迟支付奖金，在组织未出现重大决策事故时进行支付。从经济报酬水平来看，董事和监事的经济报酬对使命感和责任感有较为明显的"挤出效应"，因此经济报酬不能过高。由于保东董事和监事是由保东主动自荐的方式产生的，应该在选聘前就对经济薪酬水平和结构进行公告。

（3）业绩评估约束

魏秀丽（2006）认为"董事会共同为股份制公司的财务目标负责，没有必要详细对每一个董事的贡献进行评估"①，股份制公司的董事是集体受托于股东大会，执行股东大会的决议，一定程度上可以将董事会作为一个整体来看待。但相互保险组织不同，其没有一个类似于股东大会的最高权力机构来作为全体董事或监事的委托者，董事和监事成员来自不同的委托者，执行不同的意志，相互之间可能存在较大的冲突，因此，必须详细地对每一个董事或监事进行评估才能正确评价董事和监事的履职情况。对保东董事和监事的绩效评估应以其是否执行保东（代表）大会的决议，是否积极征集保东意见等委托人的直接委托事项达成情况为主，同时结合组织的整体绩效达成情况。

二、独立董事、独立监事和职工监事的激励约束机制实施策略

从行为动机来看，独立董事与保东董事较为类似。由于独立董事和独立监事基本上是来自高校科研机构及相关行业的资深专家，将职业荣誉看得更重，对经济报酬的重视程度相对要弱一些。但总体上两者是差不多的，因此，也完全可以借鉴保东董事和监事的激励约束机制，但对独立董事和独立监事的评估机制应有所调整。因为独立董事和独立监事要保持其独立性，完全根据自身的判断来行使决策监督权，不需要评价他们是否严格执行了某委托者的具体事项要求，只需要评估其对聘用时约定条款的履行情况及组织的整体绩效情况，且评估应在银保监会的主导下进行。另外，由于独立董事和独立监事对声誉非常看重，加强媒体的作用和独立董事、监事专家库的建设，形成库内竞争机制，也能起到很好的激励约束作用。

职工监事是职工代表大会选出的履行监督职责，维护职工权益的受托人，职工监事也与保东董事和监事类似。但由于职工监事是经营者的下属，必须采取强度更高的激励与约束措施才能起到刺激作用。

三、保证性资金提供者董事、监事的激励约束机制实施策略

保证性资金提供者董事和监事受保证性资金提供者的集体委托（如

---

① 魏秀丽. 董事行为机制研究［D］. 北京：首都经济贸易大学，2006：230.

果有多个资金提供者），与保东董事和监事类似，需要以使命为中心的组织文化的熏陶。另外，其和股份制公司中的股东董事类似，需要以外在激励为主，尤其是经济报酬激励，一般由保证性资金提供者进行考核及支付薪酬。

第七节　管理者激励约束机制的实施策略

管理层与董事、监事的行为动力是基本相同的，都有使命感、成就感和责任感的需求，也有职业荣誉、职业发展和经济报酬的需求。因此，管理层需要接受以使命为中心的价值观和组织文化的激励，以及精神奖励等非经济激励约束措施。但是，董事和监事基本上都是兼职，管理层却是全职，即使兼有其他职务，也应该是以本岗位工作为主。在本岗位工作中能否获得生理性需求和安全性需求的满足对管理层而言非常重要，是管理层行为的关键动力，不仅关系到他们的努力程度，还可能涉及他们是否离开组织。

一、经济报酬激励与控制权激励

在对管理者的外部激励中，经济报酬是最为重要的激励措施，在非经济报酬中，控制权则是较为重要的一种措施，体现了职业的稳定及职位所带来的包括在职消费、职业荣誉等的诸多利益。

（一）管理者的经济报酬激励

经济报酬是最为基础的激励方式，是管理者的基本物质需要。从经济报酬的构成来看，股份制公司有较高的变动性经济报酬，尤其是存在股权激励。"美国公司高管薪酬由基本工资和年度奖金、长期激励机制、福利计划构成。其中，基本薪金占26%，奖金和长期激励计划占63%，公司补贴和特殊津贴占11%"①，长期激励主要就是股票期权计划、股权持有计划、股票奖励等。"非营利组织管理者薪酬通常但不限于由固定工资、奖金以及福利构成，而缺少诸如公司制的股票和股票期权等所

---

① 岳雪玲，张艳. 保险业高管酬薪激励制度：欧美经验及其启示 [J]. 金融经济，2012 (7)：57.

有权激励。"[①] 相互保险组织管理者的薪酬与非营利组织比较接近，没有与股权相关的激励成分，主要由固定工资、奖金及福利构成。从各组成部分的构成比重上看，相互保险组织的经济报酬结构与股份制公司也有差异。谢延浩（2011）通过问卷调查发现风险厌恶程度高的个体更偏好变动小的薪酬制度。[②] 相互保险组织从业人员的整体风险厌恶程度更高，因此，相互保险组织管理者经济报酬中，固定工资占比应该较大，可变的奖金和福利比重则应低一些。

从经济报酬水平来看，股份制公司管理者的薪酬水平差异较大，有的公司业绩差，管理者薪酬很低，有的公司业绩好，管理者薪酬水平非常高，特别是采用股权激励的公司，如平安保险高管薪酬最高达 1303 万元（见表 6－2）。非营利组织管理者的薪酬水平一般有上限和下限，根据"非分配盈余"的原则，不能给管理者作过高的分配，也对基本的收入作了一定的保障。对此，Hansman（1980）解释为非营利组织可以通过管理者低薪来传递捐赠用于公众服务而不是被个人侵占的信号。[③] 相互保险组织也存在向保东和潜在保东传递组织互助精神信号的问题，因此，应借鉴一般非营利组织的模式，使管理者薪酬处于一个合理的中间水平，既不能太低，也不能太高。具体的薪酬水平应结合经理人市场情况、组织绩效、组织规模等来确定。

表6－2　2017年上市保险公司前5位高管薪酬

公司名称	姓名	职务	税前薪酬（万元）	相对上年变化（万元）
中国平安	李源祥	执行董事、常务副总经理、副首席执行官	1303.70	300.36
中国平安	陈心颖	常务副总经理、副首席执行官、首席运营官	1307.70	300.36
中国平安	叶素兰	副总经理、首席执行官，合规负责人	1300.13	520.00
中国平安	陈德贤	首席投资执行官	1286.99	0.42
中国平安	姚波	执行董事、常务副总经理、首席财务官	1103.70	150.36

数据来源：凤凰网财经。

---

① 毛刚. 我国非营利组织内部治理机制研究 [D]. 成都：西南交通大学，2006：103.
② 谢延浩. 个体差异、参照体选择与意义建构对薪酬满意的作用机理研究 [D]. 南京：南京理工大学，2011.
③ Hansman H B. The role non-profit enterprise [J]. Yale law journal，1980（89）：835－901.

（二）管理者的控制权激励

由于管理层对风险收益的回避，非经济报酬激励对相互保险组织管理者的激励起着较为重要的作用。斯蒂格利茨（1999）指出："非经济激励作用十分强大，虽然不是经济激励的完全替代品，却是经济激励的重要补充，有时甚至可以从根本上取代经济激励。"[①] 相互保险组织管理者的外在需求有职业荣誉、职业发展和经济报酬三大类，职业荣誉依赖于所处的组织和岗位，相互保险组织发展得越好，规模越大，在社会上的影响也越大，管理者的职业荣誉也随之增强，管理者的控制权也呈正向关系扩大。职业发展包含管理者对现有岗位的保持和对更好的新岗位的追求，由于相互保险组织管理者具有更强的风险厌恶偏好，一般更期望留在组织中保持现有的岗位，或者是升迁，比如助理提升为副总经理、副总经理提升为总经理，而不愿意到其他组织去面临一个不确定性高的职业。由此可见，控制权对相互保险组织的管理者极为重要，控制权激励也是管理者行为动力的重要诱激物。

（三）经济报酬激励与控制权激励的替代互补

毛刚（2005）关于非营利组织管理者货币报酬与控制权的分析，同样能够用于分析相互保险组织管理者两种激励手段的替代与互补。

1. 替代关系分析

相互保险组织的主要目标是生存与发展，组织绩效体现的则是生存与发展的程度，以偿付能力反映生存，以保东规模反映发展，即组织绩效可通过偿付能力和保东规模的综合平衡来反映。假定管理者的经济报酬与组织绩效成正比，在追求经济报酬之外，管理者还追求控制权，比如控制指挥更大的资产、更多的员工，因此，管理者的控制权与保东规模成正比。保东规模与组织绩效存在倒 U 型关系，当保东规模较小时，随着保东规模的增大，组织的绩效增加；当发展到一定程度后，规模再增大，则会引起偿付能力的大幅降低，增加公司的生存风险，导致组织

---

① 斯蒂格利茨. 社会主义向何处去 ［M］. 周立群，等译. 长春：吉林人民出版社，2011.

绩效降低。[①] 经济报酬、控制权及组织绩效、保东规模间的关系如图6-4所示。曲线 U_1 表示当保东规模小于组织绩效顶点 K 前管理者对货币报酬和控制权的偏好，此时，随着保东规模的增大，管理者经济报酬和控制权报酬的总体效用不断增加。曲线 U 表示当保东规模大于组织绩效顶点 K 后管理者对经济报酬和控制权的偏好，此时，管理者的经济报酬和控制权偏好有替代性，因此，曲线越往右下方，表示控制权增加，经济报酬降低；反之，曲线往左上方，表示经济报酬增加，控制权降低，管理者的总体效用不增加。曲线 A 反映了组织绩效和保东规模间的关系。对管理者而言，使其效用最大化的公司绩效与保东规模的组合不是 K 点表示的组合，而是 L 点的组合。因此，需要通过调节经济报酬来控制管理者对控制权的追求，使公司绩效处于最高点。

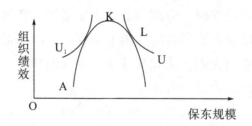

图6-4　管理者个人效用与组织绩效关系

2. 经济报酬与控制权的最优组合分析

假定同等效用产生同等激励，在相同效用的情况下，经济报酬和控制权可以有多种组合。用效用无差异曲线和等支出曲线可以分析经济报酬与控制权的最优组合问题，如图6-5所示：

---

① 虽然根据大数法则，相互保险组织参保规模越大越有利于风险分散，但是，由于组织收取的保费低，承担的保额却更大，一旦风险较为集中地出现，就会导致组织无完全支付赔款的能力。因此，从事保险经营需要一定的具有担保性质的资本或资金存在，股份制公司有股东投入资本和后期的盈余积累，相互保险组织成立初期需要初始运营资金，后期初始运营资金退出后也需要经营形成的盈余积累作为担保，才能确保偿付能力充足。在保证性资金或盈余积累不增加的情况下，一味地过快扩大规模就会导致组织偿付能力下降。

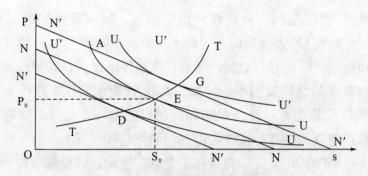

图6-5　经济报酬激励与控制权激励组合

　　UU序列曲线为不同效用下的无差异曲线，NN序列直线为等支出曲线，E点是无差异曲线和等支出曲线的切点，该点就是在支出曲线的约束下，控制权和货币报酬的最优组合点。如果增加对管理者的激励，需要增加对管理者的支付，管理者效用也要增加，新组合的最优点变为G点。激励的强度和对管理者的支出不断变化，经济报酬和控制权的最优组合点始终在效用无差异曲线和等支出曲线的切点上，连起来即形成控制权和经济报酬的最优组合曲线TT。

　　如果经济报酬与控制权组合点不在最优曲线上，表明激励并未达到最优，因此需要通过对经济报酬和控制权的替代调整来达到最优激励效果。以A点引起的变化为例，可分析提高激励效果的两种情况。一种是对管理者激励程度相同，组织支出更小。A点和E点的管理者效用相同，但是，组织在E点的支出远低于A点，此时，通过降低经济报酬，增加控制权，就可从A点转移到E点，保障了管理者效用不变，但降低了组织支出。另一种是组织支出相同的情况下，对管理者的激励程度提高。在A点和G点，组织的支出相同，通过提高管理者经济报酬和组织绩效的比例，改变经济报酬和控制权的组合关系，使管理者效用从UU曲线增加到U'U'曲线，达到最优组合的G点。

　　受相互保险组织本质特性所限，经济报酬有上限控制，需要其他激励机制作补充。拥有控制权的管理者又存在提高在职消费的机会主义行为。从前面的分析可以看出，经济报酬激励和控制权激励之间存在替代互补关系，一个优化的组合方式能最大限度地减少组织成本，增加组织绩效，因此，应注重两者的匹配，同时还应对控制权所带来的负面影响进行约束。在经济报酬激励和控制权激励之外应加强使命感、责任感、成就感以及通报表扬、表彰等精神激励，对经济报酬激励和控制权激励的不足加以补充，实现帕累托最优。

二、业绩评价与经理人市场

经济报酬和控制权是管理者外在激励的主要手段。但是，这些手段必须受到约束，否则，失去约束的权力将导致管理者的内部人控制问题。

一是加强对管理者的业绩评价。相互保险组织管理者业绩评价比股份制公司管理者的评价更为复杂，不同的阶段，相互保险组织的阶段性目标会有所不同。在债权型保证性资金还未退出阶段，为保障债权型保证性资金提供者收益，相互保险组织要增加公司盈余，提高偿付能力，仍对盈利有较高的要求。因此，利润达成情况成为重要内容，对管理者激励的考核评价与股份制公司较为接近。债权型保证性资金退出后，公司不再以盈利为主要目的，对管理者的考核评价也不以利润为主要指标，更多地以保费收入、理赔服务、防灾防损等为目标。董事会应把制定业绩评价标准作为重要的工作职责，制定科学的考核指标体系。严格地按标准进行评价，并公之于众，接受监督。

二是建立经理人市场约束机制。Kreps 和 Wilson（1982）在重复博弈的声誉模型中指出，在重复的多次交易情境下，声誉会促使参与者调整自身行为，使合作达到均衡。[①] 经理人市场可对经理人的职业历史、业绩与污点进行记录，选聘前，董事会可以对经理人的能力、努力程度进行区分，选拔声誉好的经理人并给予更高的报酬。一旦经理人不能胜任或出现道德风险，董事会则可以降低其报酬甚至解聘，在经理人市场找到可替代的经理人。因此，经理人市场的存在给予现有经理一个隐性的激励和约束，促使经理人不断提高自身能力，并努力实现董事会的目标要求，降低代理成本，提高效率。经理人市场既包括组织外部市场，也包括组织内部市场，应该形成外部猎聘机制和内部考核提拔机制，即从组织外的保险业、金融业经理人中选聘管理者，建立后备干部制度，加强考核、培训，形成干部梯队，并适时开展岗位竞聘，给现任者以压

---

① Kreps. D & R. Wilson. Sequential equilibrium [J]. Econometrica，1982：863−894.

力。在经理人市场的建设中，一是应建立经理人征信系统，优化人才市场信任结构；二是建立人才评价系统，对经理人的德、能、勤、绩等进行全方位的评价，当评分低时，经理人声誉受到影响，其价值就贬值，有被替换的风险；三是培育猎头公司等人才中介组织，增强市场主体间的信息对称性。

第七章　相互保险组织的信息披露机制

如图 7－1 所示，机会主义行为的产生来自参与个体自利的主观因素，也来自信息不完备、不对称的客观因素，在委托方有限理性的制约下，参与双方缔结的契约是不完全的，构成了滋生机会主义的交易环境。西蒙指出人的生理机能是有限的，认知受到限制，收集和运用信息的能力有限，这些不足将会影响行为人的决策。阿克洛夫、阿罗、斯彭斯、格罗兹曼、斯蒂格利茨等信息经济学家以信息为研究的核心内容，指出由完全信息前提下推导出的行为和后果的确定性关系只是一种理想状态，信息不完全才是真实的世界。因此，对信息披露作出制度安排，建立良好的信息披露机制是解决代理问题、提高相互保险组织治理有效性的重要基础。

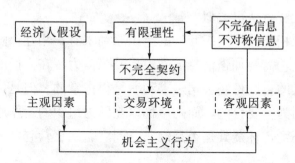

图 7－1　机会主义行为的产生条件和影响因素

第一节　相互保险组织信息披露的目标及
参与者的信息行为博弈

一、信息披露目标：提升组织公信力

从公司治理角度来看，股份制公司信息披露的主要目标是保护股东的利益，即便是证券市场的公众上市公司，政府也要求加强信息披露，以提高公司的公信力，维护广大投资者的利益。相互保险组织以互助理念为组织宗旨，信息披露的目的是要获得社会对组织的认可和信任，提升组织的公信力。

第一，从利益相关者共同治理角度来看，相互保险组织治理的目标是维护所有利益相关者的利益，信息披露也是为了满足所有利益相关者的需要，为他们的决策提供依据。只有让他们对组织有充分的认识和了解，提高对组织的认同度，才能使他们继续保持与组织的交易关系。取得数量庞大的保东认可与证券市场的股份制公众上市公司要提升公信力以得到公众投资者认可类似。

第二，从相互保险组织互助的组织原则来看，相互保险组织容易受到公众的质疑，需要加强信息披露，提升公信力。在人们的观念中，自利是天经地义的，股份制公司追求利润是很正常的。但是，相互保险组织却不以营利为主要目的，而是声称以互助为组织的运作原则，公众容易对此产生怀疑，怀疑其是否是借非营利之名从事营利之实，这就需要向公众进行信息披露。

第三，从构建和谐社会、弘扬社会团结互助精神的角度来看，让公众更多地了解组织、信任组织、监督组织，使相互保险组织持续健康地发展，有利于提高公众心目中的互助意识，树立良好的团结互助精神，促进社会和谐。

第四，从资金筹集角度来看，相互保险组织的资金来源于保东缴纳的保费，只有提升了公信力，才会有更多的公众转化为保东，为组织增加保费资金。要提升公信力，必须让公众相信组织能做到两点：一是相信组织不会滥用保费资金，真真实实地将保费资金用于对保险损失群体的理赔帮助中，没有用于管理者的非正常报酬、消费等方面；二是相信组织有能力利用好资金用于组织互助的宗旨。这就需要通过信息披露来增进公众对组织的信任。

可见，相互保险组织的信息披露不仅面向保东、保证性资金提供者等已与组织形成交易的群体，还面向未发生直接交易的其他群体。相互保险组织信息披露的对象是整个社会公众，通过信息披露将组织的运作管理、组织结构、决策程序、决策内容、财务状况、资金运用以及程序和规则等情况展示给公众，取得公众的认可和信任，树立良好的社会形象，提升公信力。

二、信息披露参与者的信息行为博弈

香农－韦弗（1949）建立了信号传播模型来描述电子通信过程，模型描述信源产生消息，经编码后形成专业的信号进入传播通道，然后经过译码，转变为可接收信息。模型最大的特点是提出信息传播中存在噪声，最终接受者收到的是含有噪声的信息。拉斯韦尔（1948）提出了5W 模型，即（Who）→（Says What）→（In Which Channel）→（To whom）→（With what effects）。信号传递模型为相互保险组织信息披露提供了一个分析框架。根据拉斯韦尔的模型，相互保险组织作为信息提供者，与保东、保证性资金提供者及社会公众等信息使用者是最为主要的两类信息行为博弈主体，两者会对信息披露做出不同的反应。根据香农－韦弗的模型可以看出，信息的传播过程中存在噪声，因此也需要信息鉴证者或监管者这一类主体参与信息披露过程。由于各主体都是"意识利己人"，也会存在博弈行为，信息披露机制就是要建立一种通过参与者的博弈行为发挥其在信息披露中的积极作用的机制。本节对主要参与者间的博弈行为进行分析，以揭示影响信息披露效率的因素。

（一）相互保险组织之间或与其他类似相互保险组织间的信息博弈

相互保险组织与类似的组织之间存在对资金提供者的竞争，潜在的保东或保证性资金提供者需要在不同的组织间选择，进行信息披露的组织往往更能吸引资金提供者的注意而获得资金。

1. 模型假设

（1）参与人：相互保险组织 A 与其他相互保险组织或有相互保险组织类似功能的组织 B。

（2）行动策略：组织 A 和组织 B 的行动集合均为（披露信息，不披露信息）。

（3）信息：假设参与者的信息是完全信息。

（4）收益：假设组织 A 和组织 B 披露信息的成本均为 i，不披露信息的收益为 j，对方不披露而自己披露信息可以得到额外收益 k。

（5）博弈模型：组织 A 和组织 B 在行动时都不知道对方采取了什么行动，因此，该过程可视为完全信息静态博弈。

2. 模型的战略表述式

表 7-1　相互保险组织 A 与其他类似组织 B 的战略博弈式

相互保险组织 A		其他类似组织 B	
		披露	不披露
	披露	$j-i,\ j-i$	$j+k-i,\ j-i$
	不披露	$j-i,\ j+k-i$	$j,\ j$

由表 7-1 可知，当 $i<k$ 时，纳什均衡为（披露，披露），当 $i>k$ 时，纳什均衡为（不披露，不披露）。现实中，披露的成本 i 总是有限的，并可以尽量降低，对方不披露而自己披露获得的额外收益 k 则可能很大。因此，组织会尽量压缩披露成本，主动选择披露信息来争取更多的资金。基于组织对资金需求的本性，组织间的竞争说明相互保险组织存在信息披露的自愿性。

（二）相互保险组织与资金提供者关于是否披露信息的博弈

相互保险组织披露信息与不披露信息都会对资金提供者产生影响，潜在的保东和保证性资金提供者会据此博弈选择参与组织的资金提供还是不参与。

1. 模型假设

（1）参与人：信息提供方和资金提供方，信息提供方为相互保险组织，资金提供方为向相互保险组织提供资金的潜在保东或保证性资金提供者。

（2）行动策略：相互保险组织的行动集合假设为（披露信息，不披露信息），资金提供方的行动集合为（提供资金，不提供资金）。

（3）信息：假设参与者对其他参与者的行动选择都有充分的信息。

（4）收益：假设信息提供方的收益为：披露信息树立了组织的良好形象，给组织带来收益，同时给经营者带来收益为 l，披露的成本为 c，披露信息却未得到资金的额外损失为 m。不披露信息使经营者有败德的机会带来的收益为 s，不披露信息得到了资金的额外收益为 h。假设资金提供方的收益为：未提供资金的收益为 0，提供了资金的收益为 u，在未披露信息的情况下提供资金因知情权受损为 k。

（5）博弈模型：相互保险组织作为信息提供者通过信息披露争取社会公众参与资金提供的过程，相互保险组织拥有主动权，率先采取行动。因此，是一个完全信息动态博弈。

2. 博弈模型树形图及均衡解

博弈模型树形图如图 7-2 所示，在短期情况下，资金提供方不会过多地关注知情权，即知情权受损的 k 值较小，此时 $u-k>0$，在不披露信息的情况下资金提供方会选择提供资金。因 $u>0$，在披露信息的情况下，资金提供方自然选择提供资金。再比较相互保险组织的两种收益 $s+h$ 和 $l-c$，在短期的时候往往是 s 大于 l，即短期不披露带来的收益大于披露信息情况下的收益，因为信息披露带来的社会影响还比较小。因此，在短期情况下的均衡解是（不披露，提供）。但是相互保险组织是持续经营下去的，必然要长期经营，也总会到 l 大于 s 的时候。所以（不披露，提供）并不是稳定的均衡解，短期必然转化为长期状况。

在长期情况下，k 值会逐步增大，直到 $u-k<0$，在不披露信息的情况下资金提供者会选择不提供资金，此时相互保险组织长期披露信息带来的收益 l 也会增大，披露的成本 c 是基本固定的，因此 $l-c$ 会大于 s。均衡解为 $(l-c, u)$，即（披露，提供），$u>0$，$l-c>s$。

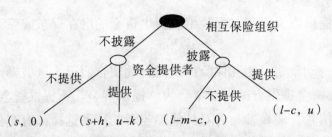

图 7-2　相互保险组织与资金提供者博弈分析图

从博弈模型的分析可以看出，在短期的情况下，由于相互保险组织披露信息带来的效用较小，经营者的短期效用较大，因此短期行为的组织更缺乏信息披露的积极性。而长期行为的组织则由于信息披露带来更大的声誉效应，更愿意进行信息披露。同时，根据 $l-c>s$ 也可以看出，虽然 l 是不断增大的，但如果 s 也在增大，也会影响相互保险组织信息的披露，因此，必须有强制性的机制来限制 s 的增大，比如强制性的信息披露来降低经营者的败德行为，缩小 s。

三、相互保险组织与资金提供者关于披露真假信息的博弈

相互保险组织存在披露真实信息和虚假信息的策略，作为资金提供者的社会公众存在提供资金和不提供资金的策略，两者的博弈属于完全信息静态博弈。假设相互保险组织真实披露信息获得资金的收益为 v_1，披露虚假信息获得资金的收益为 v_2，披露了信息但未获得资金的收益为 0，披露虚假信息会遭受处罚等败德成本为 d。资金提供者在真实信息时提供资金获得收益为 u，虚假信息时提供资金遭受额外损失为 c，不提供资金时收益为 0。并假设相互保险组织披露真实信息的概率为 p，披露虚假信息的概率为 $1-p$，资金提供者提供资金的概率为 q，不提供资金的概率为 $1-q$。博弈模型的战略表述式见表 7-2：

表 7-2　相互保险组织与资金提供者关于信息真假的战略博弈式

相互保险组织		资金提供者	
		提供（q）	不提供（$1-q$）
	真实（p）	v_1, u	0, 0
	虚假（$1-p$）	v_2-d, $u-c$	$-d$, 0

$$E(p) = pqv_1 + (1-p)q(v_2-d) + (1-p)(1-q)(-d),$$

$\partial E(p)/\partial p = qv_1 - q(v_2 - d) + (1-q)d$，当 $q > d/(v_2 - v_1)$，$\partial E(p)/\partial p > 0$，$E(p)$ 单调递增。$E(q) = pqu + (1-p)q(u-c)$，$E(q)/\partial q = pu + (1-p)(u-c)$，当 $p > (c-u)/c$，$E(q)$ 单调递增。双方博弈的混合战略纳什均衡为 $[(c-u)/c, d/(v_2 - v_1)]$。

根据分析可以看出，当 $q > d/(v_2 - v_1)$ 时，$E(p)$ 单调递增，资金提供者提供资金的概率越大，相互保险组织提供真实信息的收益越大。当 $p > (c-u)/c$ 时，相互保险组织提供真实信息的概率越大，资金提供者提供资金的收益越大。因此，需要增大包装成本 d，加大对相互保险组织披露虚假信息的处罚。

四、保东间关于信息披露监督的博弈

关于是否对相互保险组织的信息披露进行监督，保东之间也存在博弈，因为如果有保东进行了监督，其他保东就可以"搭便车"，不去监管就能获得同等收益。假设保东 A 和 B 在都不进行监督时的收益为 r_2，对方监督而自己不监督时的收益为 r_1，进行监督的成本为 s。双方的博弈属于完全信息静态博弈，战略表述式见表 7-3。

表 7-3　保东 A 与保东 B 关于信息披露监督的战略博弈式

保东 A		保东 B	
		监督	不监督
	监督	$r_1 - s$，$r_1 - s$	$r_1 - s$，r_1
	不监督	r_1，$r_1 - s$	r_2，r_2

从战略表述式可以看出，当 $r_1 > r_2 > r_1 - s$ 时，纳什均衡为（不监督，不监督），也就是说当 $s > r_1 - r_2$ 时，监督的成本大于对方监督而自己不监督与都不监督的收益差时，保东会选择"搭便车"，不监督。由于一般情况下的保东不会直接参与相互保险组织的董事会或监事会，或者即便进入董事会或监事会，要对组织实施监督，获取组织的真实信息的成本也是比较高的，而且保东监督与不监督的收益差异并不大，一方面组织很少分配红利，且数量庞大的保东能分得的红利也极为有限；另一方面保东的理赔收益受不可控的意外因素决定，且有相关法律保护。因此，对一般的保东而言，$s > r_1 - r_2$ 是常态，所以保东往往存在

不监督的"搭便车"行为，结果导致整个保东群体的不监督。

五、保东与保证性资金提供者之间关于信息监督的博弈

保东与保证性资金提供者之间也存在博弈，因为如果保证性资金提供者进行了监督，保东就可以"搭便车"，不去监督就能获得同等的收益。假设保东在不进行监督时的收益为 r_2，对方监督而自己不监督时的收益为 r_1，进行监督的成本为 s。假设保证性资金提供者在不进行监督时的收益为 y_2，对方监督而自己不监督时的收益为 y_1，进行监督的成本为 s。双方是完全信息静态博弈，战略表述式见表 7-4：

表 7-4　保东与保证性资金提供者关于信息披露监督的战略博弈式

保东	保证性资金提供者		
		监督	不监督
	监督	r_1-s，y_1-s	r_1-s，y_1
	不监督	r_1，y_1-s	r_2，y_2

根据前述对保东之间"搭便车"的分析，对于保东存在 $r_1>r_2>r_1-s$，即保东会选择不监督，因此，如果 $y_1-s>y_2$，则纳什均衡为（不监督，监督），保东选择不监督，保证性资金提供者选择监督。如果 $y_1-s<y_2$，则纳什均衡为（不监督，不监督）。由于保证性资金提供者有收回本金和利息的需求，因此，一般情况下是 $y_1-s>y_2$，即监督后的收益扣除监督成本会大于不监督的收益。这也说明保证性资金提供者的存在会在一定程度上加强对相互保险组织的监督，促使组织主动披露更为真实的信息。

六、相互保险组织与鉴证机构关于信息鉴证的博弈

相互保险组织存在披露真实信息还是虚假信息的博弈，鉴证机构则存在付出更高的成本进行严格鉴证还是以低成本进行一般鉴证但面临失败风险的博弈，虽然相互保险组织披露信息在前，鉴证机构进行鉴证在后，但是鉴证机构对相互保险组织信息披露的行为并不清楚，因此，双方属于完全信息的静态博弈。假设严格鉴证的成本为 c，组织提供真实信息时进行一般鉴证的收益为 0，组织提供虚假信息鉴证机构却只做了

一般鉴证的风险损失为 e。假设相互保险组织披露真实信息的收益为 f，披露虚假信息后经一般鉴证未被查出的额外收益为 f_1，披露虚假信息被严格鉴证查出导致声誉下降的收益为 f_2，遭受的处罚为 g，并假设鉴证机构严格鉴证的概率为 p，则一般鉴证的概率为 $(1-p)$，相互保险组织披露真实信息的概率为 q，则披露虚假信息的概率为 $(1-q)$。双方博弈的战略表述式见表 7-5：

表 7-5 相互保险组织与鉴证机构关于信息披露鉴证的战略博弈式

鉴证机构		相互保险组织	
		真实信息（q）	虚假信息（$1-q$）
	严格鉴证（p）	$-c, f$	$-c, f_2-g$
	一般鉴证（$1-p$）	$0, f$	$-e, f+f_1$

鉴证机构的期望收益：$E(p) = pq(-c) + p(1-q)(-c) + (1-p)(1-q)(-e) = -pc + pe + qe - pqe - e$，$\partial E(p)/\partial p = e - c - qe$，当 $q > (e-c)/e$ 时，$\partial E(p)/\partial p < 0$，鉴证机构的期望收益随 p 递减，随 q 单调递增。

相互保险组织的期望收益：$E(q) = pqf + p(1-q)(f_2-g) + (1-p)qf + (1-p)(1-q)(f+f_1) = p(1-q)(f_2-g-f-f_1) + f + f_1 - qf_1$，$\partial E(q)/\partial q = p(g-f_2+f+f_1) - f_1$，当 $p > f_1/(g+f+f_1-f_2)$ 时，$\partial E(q)/\partial q > 0$，相互保险组织的期望收益随 q 递增，随 p 递减。

根据分析可以看出，$q > (e-c)/e$ 时，相互保险组织提供真实信息的概率越大，鉴证机构的期望收益越大。$p > f_1/(g+f+f_1-f_2)$ 时，鉴证机构严格鉴证的概率越大，相互保险组织的期望收益越小，即相互保险组织披露虚假信息所获得的收益会降低。因此，应降低严格鉴证的成本 c，增大未严格鉴证而出错的惩罚 e，以增大 $(e-c)/e$。同时，应该降低相互保险组织披露虚假信息时未被查出的额外收益 f_1 和披露虚假信息被查出的收益 f_2，提高披露真实信息时的正常收益 f 和披露虚假信息的处罚 g。

七、博弈分析的结论

通过对相互保险组织信息披露参与者信息行为博弈的分析可以得出

以下结论:

出于对资金的需求,相互保险组织自身就有披露信息的自愿性,并且由于存在与类似组织间的相互竞争,相互保险组织更倾向于主动披露信息。但是,由于经营者不披露信息时可能会获得败德而来的短期收益,有的相互保险组织可能会有短期行为,不愿意披露信息,此时就需要政府等强制力量来限制经营者从败德行为中获得高额的短期收益,使组织愿意通过披露信息给组织以及经营者带来大于短期收益的长期收益。在信息披露的过程中,相互保险组织既可能披露真实信息,也可能披露虚假信息,要使组织愿意披露真实信息,社会公众愿意参与组织提供资金,就需要加大对组织披露信息虚假的处罚,增大其违规成本。相互保险组织的保东之间存在"搭便车"的行为,对组织披露虚假信息的监督积极性不够,保证性资金提供者的收益大于成本,因而更有监督的积极性,因此,保证性资金提供者的存在在一定程度上有利于加强对组织信息披露的监督。在相互保险组织与信息鉴证机构的博弈中,降低鉴证机构的鉴证成本,加大鉴证失败的处罚将有利于鉴证机构加强鉴证的力度,促使组织提供真实信息,因此,应加强对鉴证机构的管理,提高鉴证机构严格鉴证的概率。

第二节 相互保险组织信息披露机制的基本框架

一、公众上市股份公司信息披露机制的考察

相互保险组织信息披露的目标和公众上市公司信息披露的目标基本接近,都是要面向公众,提升公信力,因此,公众上市公司的信息披露机制可以借鉴。

我国财政部和国家体委 1992 年就制定了《股份制试点企业会计制度》,证监会 1994 年颁布的《公开发行股票公司信息披露的内容与格式准则第 1—6 号(试行)》对上市公司信息披露进行了规范,1995 年证监会出台《财务报表附注指引》和《关于执行〈公司法〉规范上市公司信息披露的通知》等规章,其后又多次对《公开发行股票公司信息披露

的内容与格式准则第二号》进行修订完善。2007 年证监会对各类信息披露相关制度进行整合，制定了《上市公司信息披露管理办法》，该办法对信息披露的时限、传播途径进行了规范，将信息披露分为定期报告和临时报告，对管理层、董事会和监事会的职责进行了明确，强调年度报告应经过有相关资质的会计师事务所审计，并且明确了证监会对上市公司的信息披露负有监管责任。除政府相关机构强制性规定的信息披露之外，从实践来看，上市公司还主动进行强制规定之外的信息披露，如罗炜、朱春艳（2010）就对我国上市公司 2001—2007 年代理成本与公司自愿披露的现金流量表信息内容之间的关系进行了研究。[①] 杨蕊、任宏伟、董新瑞（2011）还分析了我国上市公司的实际情况，建立了一套涉及战略性信息、非财务信息和财务信息共 33 个项目的自愿性信息披露评价指标体系。[②] 在上市公司信息披露中，市场中介还发挥着重要作用，年度会计报表需要经过会计师事务所的注册会计师进行独立审计鉴证，公司涉及的法律事务关系需经过律师出具专项法律意见书，证券分析师则对公司的信息进行深入分析以便于公众理解，也有中诚信国际信用评级有限公司、联合资信评估有限公司、上海新世纪资信评估投资服务有限公司等信用评级机构进行资信评级。

总体上看，上市公司的信息披露机制是以政府强制性信息披露为主、以公司自愿性信息披露为补充、以第三方机构为辅助的框架体系。

二、信息披露机制的基本框架

通过对公众上市公司信息披露机制的考察与借鉴以及对相互保险组织信息披露参与者信息行为博弈的分析，笔者认为我国相互保险组织信息披露机制的基本框架应以政府强制性信息披露为主导、以组织自愿性信息披露为补充、以第三方机构为辅助。

（一）以政府强制性信息披露为主导

强制性信息披露的理论基础是信息披露主体的机会主义行为假设，

---

① 罗炜，朱春艳. 代理成本与公司自愿性披露 [J]. 经济研究，2010（10）.

② 杨蕊，任宏伟，董新瑞. 基于我国上市公司自愿性信息披露质量的思考 [J]. 经济问题探索，2011（4）.

掌握信息优势的信息披露主体出于机会主义目的，会对信息进行隐藏，也可能对信息进行歪曲，导致信息接收者与披露主体间信息不对称问题严重，影响信息接收者的正确决策。相互保险组织应以政府的强制性信息披露为主导。

首先，相互保险组织信息披露的目标是组织公信力的提升，信息披露的受众是社会全体，涉及面广，影响大。这一点类似于公众上市公司，需要政府机关运用行政权力，采取强制性措施来保障信息披露的质量。

其次，相互保险组织的信息具有公共物品特性，即非竞争性和非排他性，信息需求者存在"搭便车"心理，缺乏为信息披露质量进行成本付出的动力，导致信息市场失灵。因此，必须有政府监管者介入，依靠行政权力规范其信息披露过程，强制要求信息披露主体提供高质量的信息。

与股份制上市公司相比，相互保险组织的强制性信息披露显得更为重要。因为，没有大股东对信息的强烈需求，保证性资金提供者的需求又只是阶段性存在，信息需求者更容易出现"搭便车"行为，信息主要被供给者左右，需要政府的行政介入。

（二）以组织自愿性信息披露为补充

相互保险组织为了提高公司的美誉度与公众的认可度，吸引更多的资金进入，会自愿披露一些信息。与股份制公司相比，相互保险组织有更强的意愿进行自愿性信息披露，这是由相互保险组织自身的特性决定的。首先，相互保险组织为吸纳更多的资金需要主动进行信息披露，需要更多的保东缴纳保费资金，也需要获得保证性资金提供者的认可以筹集到补充性的营运资金。其次，向社会公众传递信号，树立良好的组织形象，可以促进激励约束机制发挥作用，即展现组织愿景、组织文化和组织目标，提高成就感、使命感，起到促进职业荣誉和职业发展的激励作用。经营者往往愿意向社会展现组织的良好形象，这既是在树立组织的形象，也是在树立自身的声誉，提高自己的荣誉感。最后，相互保险组织主动的自愿性信息披露也有利于降低信息需求者获取信息的成本，体现组织节约成本、实现互助的宗旨。

由于自愿性缺乏应有的规范约束，信息披露内容的全面性和信息质量水平往往比较低。李慧云、吕文超（2012）曾以 2010 年我国 212 家上市公司为样本进行实证研究，结果显示自愿性信息披露存在内容较少、质量不高、准确性较差，而且披露意愿不强等问题。[①] 相比较而言，相互保险组织虽然比股份制公司的信息披露自愿性更强，但仍不排除可能存在类似的问题。因此，需要对自愿性信息披露加以引导、规范。

（三）以第三方机构为信息披露的辅助

自愿性信息披露是披露者有选择地主动披露，必然带有有利于自身的主观性，信息披露的质量难以保障。强制性信息披露虽然有政府的强制力，但这种被动的信息披露能否做到不偏不倚也值得怀疑。因此，有必要借鉴证券市场的中介机构制度，将中介机构引入相互保险组织，成为提高信息披露公允性的辅助机制。

第三方机构的辅助作用主要体现在两方面：一是会计师事务所等中介机构对信息的真实性、完整性等进行第三方鉴证，以提高信息披露的质量；二是资信评级机构、媒体等第三方机构本身作为二次信息源，能从更多的角度向公众提供多元的组织信息，如媒体报道、评级机构的评级等。

第三节　我国相互保险组织信息披露机制的实证分析

一、相互保险组织信息披露的制度规定

中国保监会在 2010 年整合了前期各类办法中涉及信息披露的内容，修订后出台了《保险公司信息披露管理办法》，并于 2017 年发布《关于加强相互保险组织信息披露有关事项的通知》，这是我国第一份专门针对相互保险组织信息披露的文件。几家相互保险组织根据该办法的要求进行了信息披露。信息披露一般由董事会秘书负责，信息披露方式以官方网站"信息披露"专栏为主要渠道。强制性信息披露主要有以下内容：

①公司概况：初始运营资金、经营产品、注册地等基本信息。

---

① 李慧云，吕文超. 上市公司自愿性信息披露现状及其监管研究 [J]. 统计研究，2012（4）：89.

②治理概要：最近几年会员代表大会主要决议，董事、监事、高管的履历、履职情况，组织内部机构设置情况，初始运营资金的筹集情况。

③财务信息：按照财政部颁布的《企业会计准则——基本准则》及具体会计准则的规定所编制的财务报表及附注。

④风险管理：保险风险、市场风险、信用风险和操作风险等主要风险的识别与评价，风险管理的策略及执行情况。

⑤产品信息：保费收入居前5位的产品、险种经营情况。

⑥偿付能力：偿付能力的具体情况，相比报告前一年度的变化及其原因。

⑦关联交易：关联交易具体情况或未发生关联交易的声明。

⑧重大事项：是否存在实际控制人、更换董事长或总经理、更换会计师事务所。

二、相互保险组织的信息披露

除按中国保监会规定进行强制性信息披露外，各相互保险组织还积极通过官方网站进行自愿性信息披露，如在网站公开各自的企业文化、组织宗旨、荣誉、新闻资讯等。还有"信息披露"栏目关于治理方面的一些自愿性信息披露，如会员情况、会员代表名册、章程、董事会和监事会每次会议决议情况。阳光农业还有经营情况报告（包括产品经营情况、赔付支出情况、财务运营情况、准备金提取情况、重大风险事件）、董事会工作报告。信美人寿、众惠财产和汇友建工还有组织章程、合作的中介机构、网络平台信息、所有保险产品信息。

除相互保险组织的信息披露外，政府监管机构、保险行业协会对组织的一些基本信息也进行了披露。高校、科研单位从研究探讨的角度也进行过一些信息披露，如《阳光农业相互保险公司运行情况调研》（农业部农垦局财务处调研组）[①]、《对相互保险公司的制度分析——基于对阳光农业相互保险公司的调研》（庹国柱）。媒体也进行过一些报道，如《阳光农险遭保监会重罚反思："创新"触及监管底线》（人民网）、《助

---

① 蔡基松. 阳光农业相互保险公司运行情况调研 [J]. 中国农垦，2006（4）.

力农村互助保险试点升级 众惠相互与慈溪市开展战略合作》（中国经济网）①。但总体上渠道较少，受众面窄，影响较小。

各相互保险组织基本都按照中国保监会要求完成了规定的信息披露，但总体上看，信息披露不够，不便于公众对组织进行了解，不便于以"透明体"接受各方面的监督，如员工情况，保东参与治理情况，每个关键管理人员的具体考核与薪酬情况，主要的经营活动、管理活动，保险责任情况，理赔服务履行情况等。有的组织即使进行了信息披露也不够深入、全面、透彻，甚至阳光农业也未在网站等公开媒体披露公司章程，打客服电话询问也回答不知道章程内容。会计信息也出现了严重失真的情况，如阳光农业 2008 年以假批单批退的方式冲销了应收补贴款 5817 万元。②

第四节　相互保险组织信息披露机制的构建原则

一、突出"互助"方面的信息

股份制公司要向社会公众突出传递其盈利能力强的信号。相互保险组织的运作原则是"互助"，必须主动向社会公众传递自己独特的"互助"信号，以区别于追求利润的股份制公司。"互助"信息包括保东所缴纳保费资金的运用情况、提供的保险额度、履行的理赔义务、在风险控制方面的措施等。通过"互助"方面的信息展示，相互保险组织接受保东、保证性资金提供者、政府监管者以及其他社会公众的监督，争取得到公众的认可和信任。

二、以"五性"为信息披露质量的评定标准

为确保信息的决策有用性，相互保险组织的信息要以真实性、准确性、及时性、完整性和规范性为评定披露质量的标准。

---

① 中国经济网. 助力农村互助保险试点升级 众惠相互与慈溪市开展战略合作［EB/OL］. 2017-06-29.

② 《中国保险监督管理委员会行政处罚决定书》（保监罚〔2010〕20 号）。

组织进行信息披露的最初目的就是向公众提供有用的相关信息，信息真实是最根本、最重要的要求，是及时、完整等其他标准的前提。信息失真有信息的虚假陈述和业绩管理。虚假陈述就是对信息作虚假记录和误导的解释说明，业绩管理指采用各类交易或运用专业技术手段来影响信息内容，二者实际上并不能反映组织的真实情况。股份制公司对盈余的管理就是典型的业绩管理类型，通过会计报告中的职业判断采用一定的会计政策来影响财务报告。相互保险组织的财务报告也同样可能被操纵而失真，如操纵未决赔款准备金的估计。

准确性包括可理解性和明晰性。可理解性指信息的表达方式、使用的专业语言要通俗易懂，容易被社会公众理解。明晰性指信息记录清晰明了，正式信息和非正式信息保持一致，便于信息使用者理解和利用，不会产生误解。

及时性指信息在规定的时间或有效的时间内传递给社会公众。Hawetal（2000）、陈汉文等（2004）、程小可等（2004）、巫升柱等（2006）对我国上市公司信息披露的及时性进行分析，发现存在"好消息早、坏消息晚""正式审计意见早、非正式审计意见晚"等现象，信息发布者在利用发布时效对使用者进行影响。我国《上市公司信息披露管理办法》对上市公司年报、半年报和季报的披露时限都作了明确的要求，如季报必须在季度结束后一个月内编制完成并披露。[①] 银保监会修订的《保险公司信息披露管理办法》则要求保险公司的一些重大事项必须在10个工作日内披露。这充分说明信息的时限特征对信息的作用非常重要，一旦超过一定的时限，信息就会失去有用性。因此，相互保险组织的信息披露也应保持及时性。

完整性指相互保险组织应该对可能影响社会公众决策的信息都进行披露。信息披露不完整主要有三种形式：一是选择性披露，对披露者有利的信息就详细披露，不利的信息则一笔带过，甚至不披露；二是重大遗漏，组织发生的重大事项一旦遗漏，将会对社会公众的决策产生重要影响；三是补充或更正公告，首先说明前期信息披露不完整，采用后补方式又会产生不及时的问题。

---

① 中国证监会《上市公司信息披露管理办法》第二十条。

规范性指相互保险组织信息披露的格式、渠道应规范，采用什么网站、什么报纸等渠道进行披露应有规范，不能随意变更，以免影响使用者获取信息。

三、强制性信息披露与自愿性信息披露相结合

由于相互保险组织信息披露的目标是提高公信力，信息内容具有公共物品的特性，因此，由监管者介入的强制性信息披露是基本的披露形式，依靠拥有行政权力的政府以法律法规的方式进行规范才能保障信息披露的质量。同时，信息内容又是非常丰富的，基于信息披露的成本效益原则，监管者不可能对所有的信息进行强制性规范，总会有部分信息在强制性规定之外。这部分强制性规定之外的信息是否披露、如何披露应交由相互保险组织自行决定。根据组织不同时期所处的状况及该时期具体的信息披露目的，董事会以成本效益为原则，自愿进行信息披露，形成强制性与自愿性相结合的信息披露形式。

四、坚持对信息使用者的公开、公平和公正

行为经济学指出行为人存在公平偏好，公平思想根植于人类大脑之中。美国证券交易委员会（SEC）2000 年就出台了公平披露规则法案，我国也强调上市公司信息披露必须"公开、公平、公正"，其中公平是指对大股东、实际控制人、投资机构及中小投资者一视同仁，公平地向他们披露信息，无论是真实性、完整性、及时性，还是准确性、规范性都要完全一致，避免使用者受到不公平的待遇，减少内幕交易的发生。相互保险组织对信息披露的"公开、公平、公正"要求自然不应弱于上市公司。

斯蒂格利茨 1999 年在牛津大学作报告时指出："公开是公共治道的必备要素。"① 实际上同上市公司相比，相互保险组织有更高的"公开、公平、公正"要求。因为股份制公司以利润为经营目标，在激烈的竞争中，信息泄露可能会使公司处于不利境地，因此可能会对部分信息进行隐藏。相互保险组织以互助为原则，没有什么是需要隐藏的，所有的信

---

① 斯蒂格利茨. 自由、知情权和公共话语——透明化在公共生活中的作用 [J]. 宋华琳，译. 环球法律评论，2002（3）：266.

息都可以向公众进行全面的公开，无论是保东、保证性资金提供者还是其他社会公众，无论是强制性信息还是自愿性信息，都要全面公开，不能只向监管部门报送，以便于各方监督权的实现。

第五节　强制性信息披露机制的实施

一、信息披露与信息鉴证责任主体的确定

有责任才能有担当，信息的披露和鉴证是信息披露机制的两个重要环节，明确其责任主体是保证信息质量的关键。

（一）信息披露的责任主体——董事会

从信息披露的质量来看，相互保险组织的每一个业务环节都是信息源，每一个员工个体或部门、分支机构都是信息传播者。但这些信息都是零散的，汇聚到管理层才能成为较为综合的整体信息。管理层负责日常经营管理，凭借其行政权力及日常工作对信息的需要，能够形成较为全面的组织信息。因此，管理层掌握的信息最为全面。但是，管理层的主要收入、职业声誉与组织息息相关，很容易产生机会主义行为，对信息进行隐藏、选择、歪曲，影响信息的真实性和完整性。董事会是组织的代表，董事多属于兼职，更为看重使命、成就及声誉，且能够依靠选聘管理层的行政权力对信息进行甄别。因此，相互保险组织的信息披露责任主体应该是董事会。经董事会披露的信息已经在组织内部进行了信息甄别，除去了噪声。

从信息披露的动力来看，根据资源依赖理论，相互保险组织必须有效地利用外部资源，董事会的重要功能之一就是充分为组织提供良好的外部资源。通过信息披露提高组织的公信力，能吸引更多的公众成为保东或保证性资金提供者，增加组织的资金来源。因此，董事会也有做好信息披露的动力。

（二）信息鉴证的责任主体——监事会

信息鉴证指对相互保险组织披露的信息经由第三方机构进行独立客

观的鉴证。虽然董事会在信息披露前对管理层提供的信息进行了甄别，一定程度上提高了信息质量，但董事会作为信息披露者，仍然会存在信息质量不高的情况。一方面是董事会能力有限，对管理层提供的组织信息甄别不到位。另一方面，作为组织的代表，董事会可能会为了争取公众对组织的支持对信息披露进行操纵，影响信息披露的质量。在证券市场，上市公司公开发行股票时，有主承销商对公司进行合规性辅导，会计师事务所对财务资料的真实、合规、合理性进行审计，律师事务所对发行材料的合法合规性发表意见。而且年度报告、半年报告、季报告都必须由会计师事务所审计。因此，相互保险组织披露的信息也需要引入第三方中介机构进行鉴证确认。具体实施鉴证的是会计师事务所、律师事务所等第三方机构，但担负鉴证责任的应该是监事会，由监事会负责对第三方机构的选聘，并对鉴证结果进行审核确认。相互保险组织的信息由董事会负责披露，监事会负责鉴证可以保持鉴证的独立性，避免受到董事会的干扰。

二、核算方法的选择及披露内容的重构

（一）会计核算规则的选择

相互保险组织的信息散见于组织内各业务环节，必须通过一定的方式进行归集整理，形成系统的、专业的信息。这些方式包括会计核算与会计报告、数据统计、事项文字报告、专业的会计分析、统计分析以及经营分析等。在信息的生成中会计核算是组织最为基础的信息生成方法，具有很强的专业性，我国财政部颁布了适用于非营利组织的《民间非营利组织会计制度》和适用于营利组织的《企业会计准则》两种不同的核算制度体系，相互保险组织的会计核算涉及对两者的选择。

在阳光农业成立之前，我国成立的"渔业互保协会"等相互保险类的组织都是在民政局登记注册的非营利社团组织，执行非营利组织会计制度。阳光农业是中国保监会试点的第一家相互保险公司，在工商局登记时出现了被拒的情况，原因在于其没有资本金，借来的初始运营资金又属于借款性质，为了顺利登记，只好把借来的初始运营资金放到资本金项下。实际上，相互保险组织在会计核算体系的选择上出现了尴尬局面。根据财政部 2004 年制定的《民间非营利组织会计制度》第二条，

"适用本制度的民间非营利组织应当同时具备以下特征：（一）该组织不以营利为宗旨和目的；（二）资源提供者向该组织投入资源不取得经济回报；（三）资源提供者不享有该组织的所有权"，相互保险组织保东既有保险理赔作为经济回报，还可以有红利回报，破产清算时还有清算收益，因此相互保险组织并不适用该制度。从《企业会计准则》来看，相互保险组织没有实收资本，显然也不适用该准则。对此，相互保险组织在会计核算过程中一直处于困惑状态。德国相互保险企业认为"相互保险公司以创建基金开始，按其功能来讲，创建基金与股权资本是相似的"，"在一定的前提条件下和限定的最高界限内，享用权债券和优先级较后的负债，由于其承担损失的功能，因此被允许作为偿付资金。就这点而言，它与自有资本有着同样的功能"。[①] 因此在资产负债表中的所有者权益栏目下面单设"创建基金"来列示所筹集的初始运营资金，设"享用权债券资本"列示享用权债券持有人缴纳的带有自有资本性质的享用权债券资本。相互保险组织虽然没有实收资本，但存在保证性资金，其中捐赠型保证性资金不需要偿还，债权型保证性资金虽然需要偿还，但其偿付顺序列在保东理赔权利之后。总体上看，两种类型的保证性资金起到了担保的作用。股份制公司资本的作用除了是红利分配的依据外，主要是可以起到为公司购买资产、借债和开展经营业务提供担保的作用。从这个角度来看，两类保证性资金有与资本类似的作用。

因此，借鉴德国相互保险组织会计核算的模式，我国相互保险组织可遵照企业会计准则进行会计核算，保证性资金则在所有者权益项下设"债权型保证性资金"和"捐赠型保证性资金"类目进行列示。

（二）信息披露内容的重构

相互保险组织和股份制保险公司在很多信息方面是相同的。但是，股份制保险公司的信息披露以投资人为对象，侧重于让投资人知道公司在赚取利润方面取得了多大的成绩。相互保险组织的信息披露以社会公众为对象，目标是要让公众看到组织在实现"互助"宗旨中做出的成绩和存在的问题。因此，二者信息披露的内容存在一定的差异。

---

① D. 法尼. 保险企业管理学［M］. 张庆洪，等译. 北京：经济科学出版社，2002：562，567.

1. 增加关于互助目标实现情况的信息

互助目标实现情况是反映相互保险组织遵循组织宗旨、实现组织本质目标的重要内容。互助目标包括保东的数量、保费的筹集情况，保险金额、保险事故发生数量等组织承担的保险责任，理赔数量金额等赔付责任履行情况，服务内容、质量、客户满意度等理赔服务情况，以及防灾防损情况等。

2. 增加保证性资金募集与退出情况的信息

保证性资金提供是相互保险组织特有的一类重要资金，关系到组织的启动及运营的安全性。保证性资金信息也可从另一个侧面反映组织的治理情况及经营情况。

总体上看，相互保险组织信息披露的主要内容有以下几个方面：一是组织的基本情况，二是组织目标与实现机制，三是组织目标实现情况，四是重大事项，五是管理层分析。具体见表7-6：

表7-6　相互保险组织信息披露的主要内容

		组织基础信息	组织名称、经营范围、注册地址、法人代表、邮编、组织网址、邮箱、信息披露网址等
一、基本情况	组织概况	组织发展历程信息	组织成立及发展演变过程情况
		保证性资金提供者信息	资金类别、出资人名称、出资额、出资占比
		组织参股控股情况	组织参股或控股企业的基本信息、股权占比
	组织关键管理人员情况	董事会及各委员会成员基本情况	基本信息、从业经历、社会荣誉等
		监事会成员基本情况	基本信息、从业经历、社会荣誉等
		管理层成员基本情况	基本信息、从业经历、社会荣誉、具体分管的工作等
	组织架构及员工情况	组织架构	组织各部门、分支机构的设置情况
		组织员工情况	员工人数、年龄、学历、职称结构等

续表7-6

二、组织目标与实现机制	组织愿景目标	组织愿景	概括组织的核心理念和未来展望
		组织使命	概括组织的经营哲学、社会担当
		组织目标	战略目标的制定和具体内容
	组织治理	保证性资金情况	保证性资金的结构、来源
		治理结构	组织决策、执行、监督部门的职责分工、权限设置
		董事会决策与履职情况	董事会的构成与任免程序、保东董事和独立董事的设立情况、董事会会议召集情况、董事会专业委员会运作情况
		监事会监督与履职情况	监事会的构成与任免程序，保东监事、独立监事和职工监事的设立情况，监事会会议召集情况，有关独立性、胜任能力和监督有效性的评价
		管理层履职情况	管理层对董事会决议的执行情况，组织经营情况述职及董事会和监事会的评价
		利益相关者参与治理情况	保东参与治理情况，职工、政府、债权人等参与治理情况
		关键管理人员激励约束情况	董事、监事薪酬奖励情况和履职考评情况，管理层的考核标准和薪酬奖惩情况
	经营管理与内部控制	内部环境	管理架构、企业文化、员工素质等
		主要经营活动	市场拓展、投资活动、产品开发及服务措施等经营活动情况
		主要管理活动	预算管理、人力资源管理、理赔管理等内部控制管理情况
		风险控制	风险识别、预警、防范应对情况，主要业务流程、内部审计监督及"三重一大"等制度的执行情况
		信息披露	组织内部信息传递与对外报告、会计师事务所等中介机构聘用情况

三、组织目标实现情况	"生存与发展"目标实现情况	组织财务报表	按照企业会计准则编制的报表及附注
		财务目标实现情况	制定的保费收入、偿付能力、成本控制、投资收益、利润等预算指标的完成情况
		保证性资金偿付情况	保证性资金的筹集、偿付目标实现情况
	"互助"目标实现情况	保费筹集情况	保东数量、类别、保险期限情况统计分析
		承担保险责任情况	保险数量、保险金额等情况统计分析
		履行赔付责任情况	赔款金额、理赔次数、未决赔款金额等情况
		理赔服务情况	服务内容、态度、质量等情况，立案率、结案率、投诉率、客户满意度等
		防灾防损情况	防灾防损的具体措施、投入的成本、产生的效果
四、重大事项	关联交易	关联交易情况	组织发生的关联交易情况
	重大变化事项	重大决议	保东大会、董事会、监事会的重大决议
		重大人事变化	董事、监事、高管及重要专业技术人员等关键岗位人员的变化
		重大资产变化	资产出售、购置，重大投资行为
		其他重大事项	财务报告审计的会计师事务所变化、重大诉讼事项、发生的违规违纪事项等
五、管理层分析	现状分析	当前经营状况分析	从业务、财务、风险、治理及管理，行业、市场等各角度分析组织经营现状
	未来前瞻	分析组织发展前景	分析组织的优劣势、压力与机遇，展望组织的未来

三、信息披露的反馈与保障

（一）信息披露的反馈

信息披露的反馈包含信息内容本身的反馈和信息披露质量好坏的反馈两方面。

1. 信息内容本身的反馈

在证券市场中，法玛（1970）提出有效市场假说，指出在有效证券市场中，信息能通过股票价格得到全面的反映，投资者会做出相应的反应。现实的证券市场并非理想的强势有效市场，更多的是半强势或弱势有效市场，部分学者对我国证券市场进行实证研究，发现我国证券市场处于弱势有效状态，说明上市公司的信息披露对股价的影响有限。对相互保险组织信息内容本身的反馈反映在公众对组织的评价上，更为直接的是反映在"续保率"和"新增投保率"上。但是相互保险组织没有形成类似于证券市场的集中信息市场，社会公众是分散的，保东也较为分散，因此，相互保险组织的信息反馈有效性更为弱势，具有很强的滞后性。

2. 信息披露质量好坏的反馈

证券市场有专业的信用评级机构对上市公司的信息披露进行评级，如普华永道发布的"不透明指数"以及深圳交易所进行的信息披露评级。这些评级会对上市公司在证券市场的声誉产生影响。目前我国还没有专业的评级机构对相互保险组织的信息披露质量进行评价，因此，应逐步建立类似于证券市场信息评级机构的评价体系，通过专业机构的评价为公众对组织信息披露质量高低提供决策依据。还应该建立惩戒机制，对明显违背规定的信息披露行为进行惩戒，给予责任人一定的处罚。

（二）信息披露的保障

强制性信息披露对相互保险组织信息披露目标的实现至关重要，必须有综合的保障措施来确保信息披露的实现。

1. 法律制度的规制

法律制度对信息披露的规定是政府实施强制性信息披露的前提，是行政执法的依据。

首先是部门规章。我国有关股份制保险公司的规章比较成熟，早在1982年中国人民保险公司就颁布了会计制度，2006年财政部颁布25号、26号会计准则对保险公司会计信息的生成进行了规定。证监会2006年、2007年还制定了关于上市保险公司信息披露的相关办法。但以上规章更多的是针对股份制保险公司，直接与相互保险组织相关的仅有《相互保险组织监管试行办法》，该办法第三十三条对相互保险组织的信息披露作了原则性的要求，2017年中国保监会发布了针对相互保险组织信息披露的具体通知。

其次是法律法规。目前与保险主体信息披露相关的法律有《保险法》《公司法》《刑法》等，但是相关内容基本上针对的是股份制保险公司，缺乏适用于相互保险组织的直接法律。

2. 保险监管机构的监管

国家制定了相关的法律制度，必须要贯彻落实执行。保险监管机构是主要的监管机构，一方面应定期收集组织报送的信息报告，进行分析评价，通报各相互保险组织报送情况；另一方面应适时监控相互保险组织在网络、报纸等媒介的信息披露情况，对未按规定披露的相互保险组织及时进行纠正。另外，还应进行深入检查，检查相互保险组织信息披露的程序、信息的真实性、完整性、及时性等。监管机构对监督检查的情况也应及时向公众披露。

3. 发挥内部控制对信息披露的作用

组织内的信息从基层不断地往上级汇集，会存在累积性损失。从客观方面来看，传递者会存在无意的遗漏，也会对信息进行自我分析加工、解释，将自我理解强加于信息之中，接受者又可能因能力等原因不能准确接受信息。从主观方面来看，各层级员工都是意识利己者，仍然存在机会主义行为，会对信息进行有利于自己的处理，导致信息失真。为此，应健全内部控制体系，通过健全的内部控制体系对各类信息的记录方式、传递时效进行规范，以提高信息披露质量。而且内部控制体系的责任主体是董事会，这也是董事会对信息质量进行监管的重要手段。

4. 提升鉴证机构的公信力

信息的真实性必须经过鉴证机构的鉴证，因此，鉴证机构是否独立、客观、公正对信息披露的质量至关重要。无论在国内还是国外，会计师事务所的舞弊都层出不穷。2002 年美国安然事件促使美国政府和国会很快制定了《公众公司会计改革与投资者保护法案》，成立了独立的公众公司会计监察委员会，以加强对会计师事务所和注册会计师的监管。我国注册会计师行业也时有问题出现，常有被处罚的会计师事务所。但是有的处罚较为滞后，如 2016 年对瑞华注册会计师张某志在 2014 年年报审计中的违规行为进行处罚，这将影响对信息披露问题的及时纠正。注册会计师协会和律师协会等应加强行业监管，提高鉴证机

构的违规成本，增强鉴证行业的公信力。

5. 对精算工作实施监管

保险业组织的核心技术是精算技术，对其他行业，有句话说"有没有利润要看财务部，利润不是业务部门产生的，是财务部核算出来的"，但在保险行业，有没有利润不是看财务部，而是看精算部门。组织收取保费后就承诺了一份或有责任，或有责任的差异很大，处于 0 至保险金额之间，低的为 0 元，高的可能上亿元。如何判断可能承担的责任依赖于精算技术，通过精算技术可以分析承保业务的质量，分析发生理赔责任的可能性大小、损失赔偿的金额大小及发生的时间，以确定保险责任准备金和未决赔款准备金。利润的大小与两项准备金的提取转回密切相关，这也是造成组织经营数据不准确的重要因素。精算技术也成了管理层操纵指标的重要手段，一方面，有的公司管理层以少提准备金的方式使经营数据维持正常状态，一旦管理层调整变更，新管理层就深挖精算原因，采取补提措施增加准备金，将亏损暴露出来，有的甚至超量补提准备金，试图在后期转回，形成利润，为自己后期经营能有良好的数据做准备；另一方面，有的公司精算人才不足，专业技能差，对数据的管理差，无法很好地进行精算，造成公司经营数据失真。因此，精算的科学性至关重要。

为此，相互保险组织首先要建立庞大完善的信息系统，建立信息中心和灾备中心，为大数据的建立提供充实的物质基础。其次，保险监管机构应介入相互保险组织的精算工作，对精算进行复核审查，防止人为主动或被动的精算信息失真，确保精算数据完整、方法科学、结果准确。

第六节　自愿性信息披露和第三方机构
信息披露的实施

一、自愿性信息披露的质量保障

相互保险组织利用自己的信息优势主动向处于信息劣势的社会公众传递信息，以提高组织吸引力。由于没有外界行政力量的干预，自愿性信息披露的自由度较高，完全依赖于相互保险组织自身机制来实施，因此，虽然相互保险组织信息披露的自愿性较强，但信息披露的质量不一定高。要提高相互保险组织自愿性信息披露的水平，第一要加强信息披露的制度与程序规范，通过组织章程或董事会和监事会对信息内容、质量以及披露程序进行规范。第二，要发挥监事会的监督审查作用，对披露的信息质量进行监管，尽可能聘请第三方鉴证机构出具独立意见，确保信息的质量和提高信息的资信度。第三，建立评价反馈系统，董事会要对自愿性信息披露的效果进行评价，便于修改披露内容，改进披露方式。第四，加强法律规制，虽然自愿性信息披露是非强制性信息披露，但组织披露的信息也会对公众产生影响，不真实的信息传递将会误导公众，影响利益相关者的决策。因此，相互保险组织可以不披露或少披露信息，但不能披露虚假信息，政府监管机构应制定相关制度进行规范，对披露虚假信息者给予处罚，防止虚假信息的误导。

二、第三方机构介入信息披露的主要路径设定

第三方机构对信息披露的辅助作用主要体现在以下三个方面。一是鉴证机构对信息的鉴证，如会计师事务所、律师等。二是独立评估机构主动收集整理组织的信息，进行分析评价，并直接告知公众。目前我国有部分以上市公司为对象的资信评估机构，但其只涉及几家上市保险公司，针对保险业的评估机构还很缺乏，需要尽快发展。三是新闻媒体的信息披露。新闻媒体本质上是一个大众化的信息传播方式，对相互保险组织的信息披露发挥着综合作用，它既是传播媒介，又是组织信息的二次生成者。一方面，新闻媒体出于自身经营利益的考虑，为提高社会关注度，会主动搜索、挖掘相互保险组织的信息，尤其热衷于爆出那些吸引眼球的违规信息；另一方面，由于相互保险组织以"互助"为运作原则，出于社会责任，新闻媒体也会加强对组织信息的关注。

但是，由于第三方机构也是一个自利的经济体，在相互保险组织信息披露中的行为也会存在机会主义。如鉴证机构和评估机构可能出于压缩成本的原因未能鉴别出虚假信息，也可能与被鉴证者、被评估者合谋而出具不真实的鉴证意见或评估意见。新闻媒体是"无冕之王"，视"挖掘事实，揭露真相"为己任，视信息真实为生命。但从经济学角度

看，新闻媒体也是经济人，披露的信息也可能会有选择性、夸大性，导致信息失真。Jensen（1979）认为媒体的存在更多的是出于满足使用者的娱乐性需求而不是满足使用者对信息内容本身传递的需求，因而可能会因娱乐性需求而扭曲信息的传递。张烨（2009）指出："媒体在信息披露中的作用会受到媒体的偏见、对娱乐性等大众口味的追求及寻租行为等的影响。"[①] 因此，对第三方机构的信息需要进行甄别、佐证。

---

① 张烨. 媒体与公司治理关系研究述评 [J]. 经济学动态，2009（6）：140.

第八章　相互保险组织的监督机制

"权力导致腐败，绝对的权力绝对地导致腐败。"（阿克顿勋爵）"一切有权力的人都容易滥用权力，这是万古不易的一条经验。"（孟德斯鸠）与股份制公司一样，相互保险组织也存在内部人控制问题，而且其产权虚置的特性将恶化内部人控制问题。因此，建立相互保险组织的监督机制，强化监督，为组织建立一个良好的内外环境十分必要，这有利于决策机制、激励约束机制以及信息披露机制的有效运转，促进组织治理效率的提高。监督机制是相互保险组织治理不可或缺的重要组成部分。相互保险组织的监督机制既包括组织外部监督主体对组织的外部监督，也包括组织内部治理层面对各行为主体的内部监督。

第一节　相互保险组织的监督：理论依据与自身特点

一、相互保险组织监督的理论依据

（一）产权虚置

产权虚置并非指法律意义上的产权不明确，而是缺乏主体有效地行使相应的权利。产权虚置有三种情况：一是名义上产权归属明确，但没有真正的实际执行人；二是产权归属的界定明确，但权利分配过于平均，"搭便车"行为成为常态，导致实际上没有主体对财产负责；三是产权界定清晰，但拥有产权的人数量庞大，没有实际对整个财产负责的人。相互保险组织的资金来自保东和保证性资金提供者，保证性资金只在某个阶段存在，一般情况下相互保险组织依赖于保东缴纳的保费资金。按照保险的大数原则，保东数量必须达到一定规模，因此，保东有数量庞大的特点。而且保东的收益以保险事故如何发生来确定，与缴纳的保费多少无关，保东的权力也按照"一人一票"的原则，与缴纳保费多少无关，即保东间权利较为平均。因此，相互保险组织的产权处于实际上的虚置状态，构建监督机制则是弥补产权虚置的必然要求。不受约束的权力必然导致腐败，缺乏监督机制必然导致相互保险组织内部人控制问题的加剧，最终影响组织目标的实现。

（二）内部人控制

马歇尔（1890）较早地提出了内部人控制问题，伯利和米恩斯（1932）通过对所有权和经营权分离的研究指出经营者以追求自身利益为目标，不会很好地为所有者服务。青木昌彦在分析转轨国家的公司治理时首次提出"内部人控制"的概念。[①] 内部人控制问题是指由于所有者与经营者利益不一致，经营者实际控制公司，在经营中充分谋取自身利益，所有者的控制与监督成为摆设的情况。内部人控制的出现从某种程度上看有利于公司的经营管理，因为由具有专业管理经验和技能的人员进行实际控制能提高公司的经营管理水平与绩效。同时，如果存在类似于大股东的内部人也能有效提高监督水平。但是内部人控制往往会带来内部人控制问题，如经营者进行关联交易、在职消费、任人唯亲、挪用公款等。[②]

相互保险组织仍然存在内部人控制，也同样会存在内部人控制问题，如：保证性资金提供者占据董事会主导地位，为了保障自己本息的偿付而过于强调组织的盈利性，偏离互助的组织宗旨，或通过关联交易额外侵占组织利益；关键管理人员过度在职消费；给员工滥发工资和福利，将收益过度用于员工奖励而不是用于组织宗旨；信息披露不及时、不真实，误导利益相关者；为了完成短期考核目标损害组织长远发展等。内部人控制问题的存在必将降低组织效率，造成组织资产损失，使组织问责机制无法有效实施，因此必须建立监督机制，强化监督，使内部人的一切活动置于利益相关者的监督之下，保证组织的经营活动不偏离组织宗旨。

---

① 青木昌彦. 转轨经济中的公司治理结构 [M]. 北京：中国经济出版社，1995：18.
② 孙天法. 内部人控制的形式、危害与解决措施 [J]. 中国工业经济，2003（7）：54−56.

二、相互保险组织监督的特点：基于与股份制公司的比较

（一）保东的监督动力不足

奥尔森指出："任何利益集团都是以获得更多利益为活动目的，主要是通过两种途径进行的：一种是努力增加全社会的总体利益，然后依据自己在总利益中的份额获得收益；另一种途径是努力争取在社会中获得更多的份额。"① 相互保险组织的保东基本上无法通过第二种途径来获得更多的资源，因为保东的保险理赔是按照合同约定来执行的，而且保险事故的发生不随他人的意志转移，更为关键的是保东并不希望出现发生保险事故而获得理赔的情况。保东只能通过相互保险组织整体服务水平、理赔能力以及获利能力的提高来获得相应的收益。在这种情况下，保东是缺乏参与组织治理动力的，因为保东会对成本与收益进行理性的对比测算，一旦成本大于收益，他将不会参与治理。保东的决策与公民的决策是类似的，布鲁金斯研究所高级研究员安东尼·唐斯在分析公民的选举行为时认为："理性的选民可能会在选举中保持理性无知，而不是积极主动地收集信息……他甚至不会利用所有可供使用的免费信息，因为吸收它们还要花费时间。"② 因此，同股份制公司的大股东情况相比，相互保险组织的保东监督动力不足，即便是同小股东比，也可能因为保东的理赔存在保险合同的保障而不及小股东的监督热情。

（二）保证性资金提供者的存在容易导致内部人控制

在成立初期或偿付能力不足的期间，相互保险组织存在保证性资金。保证性资金提供者的出现带来类似于股份制公司的大股东在监督方面的问题。一方面，在保东普遍监督动力不足的情况下，保证性资金提供者有保障自己本息得到偿付的需求，甚至有的保证性资金提供者可以获得一定限额内的利润分配，如美国马萨诸塞州规定意外伤害险公司的保证性资金提供者有权获得不超过所持资金 8% 的年度分红。③ 因此，

---

① 曼库尔·奥尔森. 国家兴衰的探源：经济增长、滞胀与社会僵化的新描述［M］. 吕应中，译. 北京：商务印书馆，1999.

② 安东尼·唐斯. 民主的经济理论［M］. 姚洋，等译. 上海：上海人民出版社，2005：223.

③ 方国春. 中国相互制保险公司治理的法律规制——基于公司治理主体权利视角［M］. 北京：法律出版社，2016：99.

保证性资金提供者有追求利润的动机，也就有对组织进行监督的动力。同时，由于保证性资金提供者数量少，"搭便车"行为更不容易出现，行动效率也更高，这有利于提高对组织的监督效率，降低内部人控制问题。另一方面，保证性资金提供者的出现又产生另一类内部人控制问题：保证性资金提供者可能会凭借其掌握的实际控制权来左右组织的活动，为了自身利益而过于强调组织对利润的追求，这无疑偏离了组织"互助"的基本原则。

（三）缺乏控制权市场的作用

对股份制公司而言，控制权市场的作用在于当大多数股东行使"脚投票"的时候，股票价格下跌，吸引来新的价值投资者，新股东接管后必然要对内部人进行撤换调整，消除严重的内部人控制问题。由于这种机制的存在，也形成了内部人的自我约束，避免被接管者撤换。控制权市场的作用实际上就是为股东对内部人进行监督提供了一种"脚投票"的表达方式。相互保险组织却不存在类似的控制权市场，尽管保东们也可以采取"脚投票"的方式，但保东的离开只会使组织萎缩直至解散，不会像股份制公司那样迎来新的控制权股东重组公司，更换高管，给予公司重生的机会。

（四）组织目标的多元化增加了监督难度

监督总是以一定的评价标准作为评判依据的。股份制公司就算有多种指标，但最终都会汇集成利润指标，或者说各种指标都是利润指标在不同领域、不同阶段的分解。相互保险组织的目标既与利润指标有关，又与利润指标不完全一致，因为追求利润只是实现"互助"宗旨的手段，并非目的。相互保险组织必须有一定的盈余留存来保证有充足的偿付能力，但在偿付能力充足的情况下，相互保险组织又不必以利润为主，而是以为保东做好服务、提供充足的赔款为主。因此，相互保险组织的具体目标更为复杂，如何评判被监督者的活动是否符合组织实现目标的需要成为一个难题。

（五）"互助"精神一定程度上降低了内部人控制风险

相互保险组织以互助利他为组织运作的基本精神，这不仅体现了人的自利性，也体现了人的社会性。作为意识利己人，无论是监督者还是被监督者，往往都更具有崇高的利他使命感和成就感，在组织恰当地采取非物质激励下，这种利他的自我意识和自我要求更为强烈。从这个角度看，"互助"精神又会增强监督者积极参与监督的热情，同时减弱被监督者损害组织利益的冲动。

（六）成员风险厌恶偏好会在一定程度上降低内部人控制风险

根据前文的分析，相互保险组织的管理层和员工往往具有比股份制公司更强的风险厌恶偏好，他们更加关注工作的稳定性，为此愿意放弃能够获得高额利润奖励的股份制公司的工作。同样，为了保持稳定的工作，更为了避免牢狱之灾或声名狼藉，这些内部人更不容易去违反规定，或做出不利于组织目标的行为。

从以上对相互保险组织特点的分析来看，既有利于提高监督有效性的特性，也存在不利于提高监督有效性的特性。由于监督者和被监督者都是处于变化之中，在某个阶段内部人控制问题可能会并不严重甚至不存在，但对持续发展的组织而言，内部人控制问题总是会发生的，甚至会很严重，因此，积极采取有效的监督机制有其必要性。

第二节　相互保险组织的监督机制：国外视野与一般框架

一、美国相互保险组织监督机制的考察

美国相互保险组织的监督主要包括法律制度规制、政府监管、社会监督和内部自我监督四个方面。下面从这四个方面具体考察分析。

（一）法律制度规制

美国保险业的成文法从总体上讲有三个层次：一是联邦法律，二是全美保险监督官协会（NAIC）的示范法规，三是各州的保险法规。其中州级法规最为重要，优先适用，然后才是联邦法律，NAIC的示范法规只具有指导意义，只有被州级立法部门采纳并颁布后才能实际生效，但在实际运行中绝大部分州都采纳NAIC的标准。各州的保险法对相互

保险组织的初始运营资金的筹集，组织的发起与设立，章程、董事会的设立与议事规则等组织治理，盈余分配，信息披露以及组织转制清算等各方面都有较为全面的规定。会计核算方面受到美国财务会计准则委员会（FASB）制定的一般公认会计原则（GAAP）和法定保险会计准则（SAP）的规范，分别编制会计报表，以满足外部财务报表使用者的需要和保险监管当局评价偿付能力的需要。[①] 税收方面有美国《国内税收法》的规制，其中还有两条特殊税收优惠。

（二）政府监管

政府监管与其他组织监管一样涉及会计、税务等方面，对相互保险组织的监管最为典型的是行业监管。美国的行业监管主要由各州具体负责，虽然 1944 年最高法院曾将跨州保险判由联邦政府进行监管，但遭到众议院干涉，同年订立的《麦克伦—福克森法》仍然规定保险的税收及监管由州政府执行。同时，为协调各州监管行动，由各州保险监督官作为会员共同组成了全美保险监督官协会（NAIC），NAIC 是各州保险监督官交流信息的组织，目的在于加强各州监督官的合作，使各州保险法规统一化。但 NAIC 不是一个监管单位，不能行使直接监督管理权，制定的各项规范只能由州保险监督管理机构颁布并执行。各州在具体实施保险监管的过程中，成立独立保险监管机构或与银行等共同监管，根据各州的保险监管法规，由州长指派或州选民选举保险监督官，保险监管局的职员也是州政府职员。在履行监管职责中，许多州级监管局也会根据工作需要雇佣合同制外部专家，如会计师公司、会计稽查或特许精算师、律师等。保险监管局负责发放注册登记、保费、准备金设定等业务经营许可，信息披露，合并转制等法规规定的审批事项。

州保险监管机构会定期检查相互保险组织，依法要求组织提供业务文件与资料，特别注重组织的财务、市场行为和投资行为，可做季度和年度的检查。在检查中，被检查组织如果不遵守法规将受到非常严重的处罚，如果不及时提供会计账簿、文件等记录，将吊销执照。监督官甚至有权发放拘捕令，并可通知法院执行。在检查中，可以雇佣专业人员做检查员，并且这些人的薪水由被检查组织承担，根据需要可成立检查

---

① 赵国贤. 美国保险监管及法规［M］. 北京：经济管理出版社，2005.

听证会以收集更多的文件、资料和证词来支撑检查结果。

（三）社会监督

相互保险组织的公众性使其存在较为广泛的社会监督。其中典型的渠道有四类：一是保险评级机构的信用评级监督，美国有贝氏、穆迪、标普、维斯研究所等全球知名的保险评级机构，不受制于任何个人或组织，公正地评判组织的经营管理能力和实现组织目标的水平。二是会计师事务所和律师事务所对组织的信息进行鉴证出具意见。三是行业协会监督。美国的保险业协会主要分为同业公会，如相互保险公司协会（NAMIC）、寿险协会（ACLI）；专业服务协会，如独立统计服务公司、巨灾风险评估公司、美国国际保险信息化标准协会；教育培训类协会，如北美精算师协会、美国寿险管理协会等。这些协会都是由保险组织自发组成的，会收集、分析、发布保险组织的信息，进而对组织形成监督。四是媒体，美国以自由著称，媒体是无冕之王，发达的媒体也会发挥积极的监督作用。

（四）内部自我监督

美国相互保险组织的内部自我监督主要体现为三方面：

一是重视内部治理结构建设。美国的相互保险组织在治理层面有成员大会和董事会两大机构，成员大会行使选举权，董事会负责运营，并聘用管理层负责日常经营管理，在董事会中以独立董事为主来加强对内部人的监督。

二是完善内部规章制度和运行程序。相互保险组织在战略管理、财务管理、人力资源管理、投资管理、信息资源管理、市场营销管理等各方面都建立了相对完善的规章制度，尤其以财务活动为重点，从制度和技术上保障董事、管理者及员工有效行使职权，履行职责。

三是强化组织信念和使命。美国在强调个人自由和法治的同时，也非常重视道德的导向性和约束力。由于相互保险组织本来就以互助利他为宗旨，其更强调对关键管理人员和员工事业感、使命感和社会责任感的培育，在组织内形成一种道德驱动的自律，促使组织围绕目标高效、廉洁地运行。

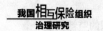

二、监督机制的一般框架：自律、他律的有机联动

借鉴美国相互保险组织监督机制的框架体系，结合我国崇尚权力、有冒险精神等文化特征会给组织带来较强的机会主义和内部人控制风险的实际情况，我国相互保险组织必须接受全方位、有强制力的系统性监督。一方面是来自相互保险组织内部的自律，以章程为元规则，健全组织的道德规范和制度规则，建立相互制约的内部结构和运行机制，实现自我管理。另一方面是他律，自律是一种理想形式，要保证基于自律的监督机制能持续运行，必须引入外在的他律机制，由外部力量进行监督，通过强制性和独立性来确保监督的持续有效。他律又包括政府监督和社会监督两种形式。

（一）以组织自律为基础

相互保险组织是具有自治性的独立法人实体，因此，自律是组织监督机制的基础。相互保险组织没有政府的行政强制权力，只能通过自律来提高自我管理能力和组织运营效率，提高社会公信力，获取持续保费资金以及保证性资金，保持组织的长期发展。与政府的监管相比，自律具有常态化、高效率、高境界的优势。与社会监督相比，自律具有更高的规范化、程序化特点。综合来看，自律具有以下特点：一是民主性，通过保东、保证性资金提供者、理事、监事、管理层及广大员工的共同参与，广聚共识；二是针对性，自主地分析、处理组织内部的事务，更切合组织的实际情况，采取的监督措施更具针对性；三是及时性，相对于外部监督的事后介入，自律能够使相互保险组织更快速地做出反应，及时解决出现的问题；四是持久性，自律是组织内部各部分相互竞争协作达成的平衡，是自发、主动的监督机制，相对于外部强加的监督机制，自律更为持久。

（二）以政府监督为核心

股份制公司同样需要政府监督，但相较而言，相互保险组织的监督机制中政府监督的作用更为重要。一方面，相互保险组织治理的价值取向是公共问责，政府必然作为公共问责的主体。另一方面，相互保险组织的其他监督机制存在诸多缺陷：首先，相互保险组织作为"俱乐部"

提供的是准公共物品，保东在理赔上的消费存在非竞争性，将产生"搭便车"行为，保东"搭便车"会导致相互保险组织内部监督主体缺乏压力和动力，影响组织内部自我监督的效力。此外，相互保险组织缺乏外部控制权市场与相应的接管机制，难以对被监督者形成竞争压力。其次，相互保险组织内部虽然存在道德机制的激励约束，但这种约束毕竟是软约束，往往只能"防君子不防小人"。最后，社会监督以监督主体的自我需要为出发点，难以保持监督的持续性和全面性。因此，需要一种力量来增强监督的力度，提升监督效果。斯蒂格勒认为，国家拥有一个在纯理论上即使是最有权势的公民也不能分享的强制权资源。[1] 由于政府拥有特殊的强制权，因此，相互保险组织的监督机制必须以政府为主导。

政府的主导一方面体现为监督制度的供给，制定与相互保险组织相关的法律法规，为监督的实施提供制度依据；另一方面体现为政府部门的监督管理，一类是工商、司法、税务、财政等部门的监管，一类是保险业特有的监管，即银行保险监督管理委员会的监管。

（三）以社会监督为补充

社会监督是对相互保险组织监督机制非常重要的补充。首先，社会公众是组织的利益相关者，有权利对相互保险组织进行监督。其次，从自律的不足来看，自律是自己对自己的监督，监督者和被监督者之间存在更为广泛的联系，监督者的独立性较差，动力也不足。最后，从政府监管的不足来看，政府虽然有独特的行政权力保障监督的实施，但政府的监管仍然存在缺陷。一方面，政府的力量有限，人手紧张、专业技能不足，难以达到全方位监管的需要。美国各州的保险监管局都在必要时聘请专业的会计师、律师或精算师帮忙。另一方面，按照公共选择理论，政府监管机构作为一个经济行为主体，以部门自身利益为出发点，与监管需要之间存在目标上的差异。社会监督作为第三方治理，具有开放性、专业性、契约性、竞争性等核心特征[2]，可以提供一个评价机

---

[1] 施蒂格勒. 产业组织和政府管制 [M]. 潘振民，译. 上海：上海人民出版社，上海三联书店，1996.

[2] 陈潭. 第三方治理：理论范式与实践逻辑 [J]. 政治学研究，20017 (1)：93，94.

制，通过广泛的社会监督，对相互保险组织形成全方位、立体式的透视，更加充分地评价被监督者的行为。

（四）组织自律、政府监督与社会监督的有机联动

政府监督、组织自律与社会监督应该是有机联动的，具体表现为两个方面。一方面，三者相互配合，互为补充。政府机关可以聘请社会机构为其服务，实施对组织的监督。相互保险组织也可以聘请会计师事务所对会计信息进行审计鉴证，通过媒体的传播力量形成声誉机制，促进组织自律。当自律缺乏强制手段去进行检查处罚时，监事会也可以主动上报政府相关机构请求行政或司法介入。另一方面，相互监督可以提高监督的有效性。保险监管机关可以通过建立独立董事和独立监事的专家库，对董事和监事的选聘条件进行规范，确保人员的高素质、高技能，进而加强组织的内部自律。政府亦可通过对中介行业的检查提高中介工作的质量。社会监督也是监督政府机构和监事会是否认真履行监督职责的有效手段，尤其是对政府而言，按照公共选择理论，政府部门并非全心全意地以社会利益最大化为行动指南，其也是追求自身利益最大化的个体，因此需要社会对政府部门的监督。

第三节　我国相互保险组织监督机制的实证分析

一、政府监管制度

目前我国还没有适用于相互保险组织的法律，无论是《公司法》还是《保险法》，都没有将相互保险组织纳入适用范围。2015 年之前，阳光农业等几家相互保险组织一直没有专门的监管规章制度，在具体操作中，中国保监会一般采用股份制公司的制度进行管理。2015 年初，中国保监会拟定《相互保险组织监管办法征求意见稿》，2015 年 2 月才正式出台《相互保险组织监管试行办法》，该办法适用于所有相互保险组织，这是目前唯一一份关于相互保险组织的制度，其中涉及相互保险组织治理的内容主要有以下几个方面。

（一）相互保险组织的定义及设立

《相互保险组织监管试行办法》对相互保险组织进行了定义，明确了相互保险组织运作的前提是全体会员"平等自愿、民主管理"，运作方式是"互助合作"，任务是提供保险服务。[①]明确相互保险组织的行业主管部门是中国保监会，市场监管部门是工商行政管理部门，组织设立时必须经这两个部门审批、登记。该办法一方面是对国务院"国十条"要求将自保、互助保险合作组织纳入统一监管的落实，相互保险组织纳入中国保监会监管，也区别于以前由民政局登记注册的社团组织；另一方面，该办法对设立一般性公司或专业、区域性公司的初始运营资金额度和发起会员数量分别作了要求，以保证公司成立伊始能正常运转。

（二）相互保险组织的治理主体及其权利义务

《相互保险组织监管试行办法》第14条规定相互保险组织的会员是投保人。因此，向公司投保，持有公司签发的保单是成为会员的必要条件，会员即公司治理的主体。该办法规定会员享有会员（代表）大会的表决权、参与分配权、选举与被选举权和参与公司民主管理的权利。会员享有盈余分配权，对于债权型的初始运营资金，主要发起会员可在偿付能力充足的前提下经会员（代表）大会和中国保监会批准逐步收回初始运营资金的本息。会员有知情权，组织应该建立信息披露制度，保障会员获取充分的信息，对公司的工作进行批评、建议和监督，参与公司管理。

该办法规定会员的主要义务是缴纳保费，以所缴纳保费为限对公司承担责任。与德国、美国的规定不同，我国相互保险组织会员仅以缴纳的保费承担有限责任，并未承担追加费用或免赔、少赔的义务，这与股份制公司要求股东仅以投入的资本承担有限责任类似。

（三）治理结构

对于会员（代表）大会、董事会和监事会，《相互保险组织监管试行办法》要求除章程另有规定外，均适用于《公司法》中关于股份制有

限公司的规定。在管理层的设置方面，该办法未涉及是否设置经理及经理的职责。

（四）监管方式

同股份制保险公司相比，中国保监会对相互保险组织的监管提出了更高的要求，除适用于股份制保险公司的监管规定外，《相互保险组织监管试行办法》第 23 条规定保险监督管理机构有权列席会员（代表）大会和董事会会议，形成的决议也必须在会后 7 个工作日内报保险监督管理机构备案。

二、保险监管机构的监管实施

除了制定完善相关法规制度、管理办法外，银保监会的具体监管措施主要是审查许可、非现场监管、现场检查和风险处置。对相互保险组织的审查许可主要包括组织章程审批，筹建、开业审批，董事、监事、高管及精算责任人等专业责任人任职审批，初始资金提供者变更审批，经营产品审批，这些事项必须经银保监会审批通过后才能生效。非现场监管主要是中国保监会通过组织上报的各类强制性信息，如年报、半年报、治理报告、业务管理报告以及从各组织网站上、媒体上获取的信息，对组织的经营情况进行监测，发现问题及时采取措施。现场检查是中国保监会到组织进行现场检查，中国保监会 2009 年年底发通知要求各保险公司上报《公司治理报告》，自此开始逐步加强了治理监管，基本上每年都要对绝大部分保险公司的治理情况进行现场检查。2010 年，中国保监会对阳光农业进行检查，发现了严重问题，并采取了罚款及撤换董事长职务等处罚及风险处置措施。

三、相互保险组织自我监督

几家相互保险组织均制定了组织章程，明确了组织及其会员、会员代表、董事、监事、高管等各方的权利和义务，规范了各主体的具体行为，确定了相关工作程序；建立了由董事会负责的内部控制体系，包括组织架构和基本管理制度等；建立了职责明确的组织架构，建立了运营的基本制度，如劳动用工、财务会计、信息披露、风险管理、薪酬管理等管理制度。同时设有监事会和独立董事担任监督职责。在董事会下设立审计与风险管理委员会作为负责审计的专门委员会。内部职能部门中设置稽核审计部或风险合规部等部门负责内部审计工作。外部审计机构的选聘由审计与风险管理委员会负责提名，会员（代表）大会审批。

四、社会监督

作为一类新型的保险组织形式，高校科研单位、媒体以及保险业界专业人士都对相互保险组织的运行给予了较多的关注，对可能存在的问题进行了分析与探讨。如署名"百家号"的作者在亿欧网上发表了文章《相互保险路漫漫：汇友建工"坚守"，众惠、信美转阵"多元化"》，分析了三家相互保险组织的经营情况和存在的亏损等问题。[①]

五、存在的问题

（一）内部监督体系的有效性不足

第一，独立董事和监事会独立性不足。独立董事以董事会提名为主，再经会员（代表）大会选举确定。这种提名方式很明显难以保证独立董事的独立。监事会的非职工监事由监事会提名，再经会员（代表）大会选举确定，这样的程序下确定的非职工监事也缺乏独立性。非职工监事往往因为职位低于管理层而缺乏监督动力。

第二，章程的修订容易被操纵。几家相互保险组织均规定若出现一定情形，应当在3个月内对章程进行修改，并规定修改章程按下列程序进行："（一）董事会向会员代表大会提出本章程修改的提案。（二）会员代表大会对本章程修改提案进行表决，决议必须经出席会议的会员代表所持表决权四分之三以上通过。（三）本社向中国银保监会报送章程修改审核申请。"[②] 章程修改中最重要的环节是章程修改的提案，提案不应该由与自己利益相关的人员来实施，否则就可能被操控，但几家组织都规定由董事会提交修订提案。另外，提案只需会员代表的3/4以上通过，因为会员代表一般只有三四十人，而会员则是上万人甚至上十万

---

① 百家号. 相互保险路漫漫：汇友建工"坚守"，众惠、信美转阵"多元化"［EB/OL］. 亿欧网，2017－04－10.

② 《众惠财产相互保险社章程》第二百二十条。

人，三四十人本身就无法全面代表会员的意见。现在连这三四十人都不能要求全部同意，而是放宽到 3/4，这也可能导致章程的修订被操纵。

第三，审计的独立性和权威性不足。审计的管辖权归董事会，所以审计只能对董事会以外的机构进行审计，无法对董事会进行审计监督。

第四，董事会和管理层两职不分离。按章程规定，管理层人员可由董事会成员兼任，这无疑降低了董事会对管理层的监督效力。

第五，组织内道德监督体系未建立。虽然相互保险组织明确了组织的企业文化，打造了一些积极向上的反映员工心声的平台，以多种方式来激发员工的使命感、成就感，但是还没有对企业文化进一步细化，形成具体的道德规范，以指导、规范员工的具体行为，也没有建立对员工行为形成制约的道德监督、评价的信息反馈平台。

2010 年中国保监会在检查中发现：2008 年阳光农业工会主席刘某、公司员工马某以及陈某（非公司职工）用实际由阳光农业提供的 200 万元作为注册资金，以个人名义在黑龙江省农垦工商局注册"黑龙江农垦三农相互农业生产资料连锁有限公司"，三人同时又签署股权说明，声明该公司注册资本全部是阳光农业相互保险公司资金，生资公司股权归阳光农业所有。[①] 以上违规事项并未受到独立董事的投票反对，说明独立董事已被管理层左右，失去独立性。党委、工会直接参与重大违规决策，由党委书记兼任主席的监事会也形同虚设。检查还发现 2008 年阳光农业齐齐哈尔中心支公司虚列种植业赔款用于支付村集体垫付保费的本息，留作 2009 年预收保费，抵作企财险、家财险保费等。结果阳光农业遭到中国保监会重罚，处罚涉及 11 人，包括撤换董事长兼总经理、警告处分党委书记兼监事会主席。

（二）外部监督体系尚不健全

首先，法律制度不健全。德国的《保险企业监督法》明确了相互保险组织的合法性，美国各州保险法也明确了相互制保险组织的身份，并对其经营管理进行规范。但我国目前没有一部法律明确提及相互保险组织。相互保险组织既不是一般意义上的非营利组织，也不是独资企业、合伙企业，不适用于相关的法律，也不适用于明文限定于有限责任公司

---

① 《中国保险监督管理委员会行政处罚决定书》（保监罚〔2010〕20 号）。

和股份有限公司的《公司法》。《保险法》第 68 条也明确指出设立保险公司必须有股东和注册资本。

其次，行业监管制度欠缺。目前，仅有《相互保险组织监管试行办法》这一部关于相互保险组织的部门规章制度，其余的监管制度都是采用适用于股份制公司的制度，相互保险组织与股份制保险公司内部利益主体间的关系存在很大差异，不能简单套用，必须制定针对性强的具体监管办法。首都经济贸易大学教授朱俊生表示："必须从相互保险公司的特质出发制定相适应的政策和法律法规。"①

最后，社会监督欠缺。目前仅有会计师事务所对相互保险组织进行年报审计，部分学者和个别媒体进行一定的评价监督。与美国有贝氏、穆迪等评级机构，统计服务公司及巨灾风险评估公司等丰富的社团组织监督相比，我国还没有形成能对相互保险组织进行独立评级、信息挖掘等的社会团体，即便有行业协会也仅是转载一些已经公开的信息，社会监督的总体效力较弱。

第四节　相互保险组织监督机制的构建原则

一、制度监督与道德监督相结合

制度监督指监督主体制定法律、法规、规章及操作规程等制度，并监督落实情况来规范被监督者的行为。制定制度是监督的前提，是监督者实行监督的依据和标准。国家立法机构、职能部门可以通过制定法律法规对相互保险组织的登记注册、权力分配、运营规则和程序等进行规范。工商、税务及保险监管机构可以制定部门规章规范相互保险组织的具体运行，如中国保监会制定的《相互保险组织监管试行办法》《保险公司信息披露管理办法》等。相互保险组织内部也有组织章程对组织的总体运行规则进行规范，还有董事会议事规则、总经理议事规则、人力

---

① 孙轲．阳光农险董事长被责令撤换 保监会处罚书列出六大问题［N］．21 世纪经济报道，2010－08－21.

资源管理、财务管理、理赔管理等各类制度。这些法规、制度的制定不仅对被监督者开展各项业务工作形成制约，也使监督工作有章可循。道德监督以使命感、责任感、成就感和价值观为基础，通过社会舆论、组织文化等形成道德评价标准，以此作为被监督者的道德行为规范，监督者以此对被监督者行为进行道德符合性评价。

对个体而言，制度约束是外在的、刚性的，道德约束则是内在的、柔性的。制度不可能面面俱到，总会有遗漏，道德约束则更能内在地激发个体的合规行为，消除违规的动机。相互保险组织的组织文化中有良好的道德意识基础，参与个体往往有较强的自我道德要求，通过道德方面的监督能较好地促进行为个体遵章守纪，为崇高的"互助"使命而合规地工作。因此，在强调制度执行的刚性监督时，也要辅以道德监督，将两者有机结合。

二、多元监督机制有机联动

杨德明等（2012）对我国上市公司媒体监督与高管薪酬的关系进行了实证研究，结果显示薪酬混乱的公司更容易被媒体曝光，但媒体的作用仅限于曝光，并没有促使公司采取纠正措施，在政府和行政主管单位的介入下公司才会进行纠正。[①] 这说明各种监督机制应相互配合、协调、补充，才能增强监督的有效性。相互保险组织的监督机制应该是政府监督、组织自律、社会监督的有机统一。监督体系内的有机联动不仅涉及三个体系之间的联动，还涉及各自体系内的联动，通过相互联动实现监督效应的整体累加。

三、保持监督的独立性和权威性

独立性是开展监督工作的基本要求，只有在独立状态下，监督者才能客观、公正地对被监督者作出评价。要保持两方面的独立：一是监督者的独立，指在人员关系和经费来源上监督者应独立于被监督者；二是监督工作开展过程的独立，指监督者在制定监督方案、调查取证、分析判断、确定结论等全过程中保持自身的独立思维不受他人影响，尤其是

---

① 杨德明，赵璨. 媒体监督、媒体治理与高管薪酬 [J]. 经济研究，2012（6）：125.

不受被监督者的干预。

权威性是指监督行为具有令人信服的力量，监督的权威性来自监督人员的专业性和敬业精神，来自监督方式、手段的有效性，证据的全面完整与真实可靠性，监督结论的准确性，以及违法必究的刚性约束。只有树立了监督的权威性，才能彰显监督机制的神圣，给予被监督者无形的压力和遵章守纪的动力，构建良好的组织氛围。

四、增强监督主体的行为动力

监督者也是意识利己人，既有自利性又有社会性，即便是政府，按照公共选择理论的分析，其行为也是以部门利益为出发点。监督工作由监督者具体实施，只有当监督者具有监督的积极性时，监督工作才能有效实施。因此，监督机制的构建应注重对监督者的行为激励，调动其监督积极性。一方面通过使命感、责任感和成就感等精神激励来增强监督主体的内在动力；另一方面应提供适当的经济诱激物，以满足监督主体的自利需求。

五、监督行为透明化

公信力是相互保险组织的生命力，组织要赢得良好的公信力，最好的方式就是公开组织运作的过程和结果，让公众了解组织的治理机制、管理措施、财务状况以及重大决策等。同样，与监督行为相关的情况也应该透明化，通过公众对监督范围、程序、手段、证据资料、评价结论以及惩戒纠偏等各方面情况的了解，增进对组织监督工作的认同，提高对组织的认可度。当然，由于监督工作有其保密性的特殊要求，具体监督情况的信息披露应注意披露时间和范围的协调性，有的内容可以在事中披露，有的只能在事后披露。

六、发扬民主

民主是调动组织员工积极性、主动性和创造性的原始动力。在更为浓厚的"互助利他"文化的影响下，员工们有更高的精神追求。同时，出于对丢掉工作风险的厌恶，员工们也更有动力去介入监督工作，维护组织的良好发展。群众的眼睛是雪亮的，应充分发扬民主，调动广大员工参与监督的积极性。

七、全时空覆盖

在时间上，应做到事前、事中、事后全程监督。事前制定好规范、做好培训教育；事中要形成有效的监督检查制度，采取突击抽查、定期检查、接受举报等有效方式开展监督工作，形成准确的监督结论；事后应有奖惩机制，不仅对被监督者进行奖惩、行为纠偏，也对监督者的监督工作进行奖惩。在空间上做到全方位立体化监督，充分发挥组织内部自律、政府监管和社会监督的作用。

第五节　基于自律的监督机制的实施

自律监督机制的实施主要体现为制度化监督和道德驱动监督，其中又以制度化监督为主，道德驱动监督为辅。

一、自律的基础：章程与内部控制体系

（一）确保章程制定和修订的权威性

章程是相互保险组织的根本大法，组织内部的各项规章制度都是在遵守政府相关规定的前提下以章程为依据制定的。因此，章程是相互保险组织自律的首要制度依据，是制定组织其他制度的"元规则"，必须从章程的制定上树立起权威性。

首先，要按照规范有效的程序制定章程、修改章程。按照维克赛尔的"一致同意原则"，相互保险组织章程的制定必须经所有保东、保证性资金提供者和政府认可，不能采用"多数票规则"，因为"多数票规则可能导致多数者对少数者权利的侵犯"①。因此，无论是新保东的加入，还是保证性资金提供者的加入，都应在章程中明示，不能有隐瞒和欺骗，确保其接受认可。一般情况下章程不应随意修改，因为保东数量庞大，要让所有保东逐一认可修改的内容是不现实的，成本巨大，且最

---

① 阮守武. 公共选择理论及其应用研究 [M]. 合肥：安徽教育出版社，2014：141.

终效果不佳。在组织确实发生重大变化，需要对章程进行修改时，也应遵循罗尔斯"无知之幕"的规则。由章程变化对自己未来的影响存在较大程度"无知"的人员来进行修改，并向社会公众，尤其是保东、保证性资金提供者公示，并报经政府批准。

其次，章程内容要完备、翔实，便于执行。由于政府法律法规基于相互保险组织的自由度更大，很多事项都由组织的章程来明确。因此，组织章程的内容就必须翔实，涉及各利益体权利与义务的内容应比较具体，如保证性资金提供者是只能获取固定利息，还是有权获取与利润相关的变动利息；偿付能力达到什么指标时，可以偿付保证性资金，可以向保东分配红利；董事会和监事会的运行规则等，以减少执行过程中的博弈及相关人员的机会主义行为。

（二）内部控制体系建设

"企业内部控制定义为：企业董事会、管理层和其他员工在一定的控制环境下，通过履行牵制与约束、防护与引导、监督与影响、衡量与评价等职能，旨在实行企业报告的可靠性、法律的遵循性、经营的效率性、资产的安全性和发展的战略性等目标而发生的一项企业管理活动。"[1] 国际保险监督官协会（IAIS）在 2015 年颁布的《保险核心原则、标准、指引和评估方法》第八条关于风险管理和内部控制的核心原则中指出，风险管理和内部控制是公司治理框架的一部分，其中包括风险管理、合规性、精算事务等有效职能。内部控制制度的设计运行是为了协助董事会和高级管理层履行其针对公司的监控和管理责任。内部控制制度应从控制角度为董事会和高级管理层提供合理保证，即其业务正在按照董事会设定的战略和风险偏好、确定的业务目标、确定的政策和流程，以及适用的法律和法规进行操作。[2]

首先，董事会应切实履行内部控制体系的领导职责。中国保监会《保险公司内部控制基本准则》第三十九条、第四十条指出："保险公司的内部控制体系应由董事会最终负责……董事会要对公司内控的健全

---

① 樊行健，肖光红. 关于企业内部控制本质与概念的理论反思［J］. 会计研究，2014（2）：10.
② 国际保险监督官协会. 保险核心原则、标准、指引和评估方法［M］. 中国保险监督管理委员会，译. 北京：中国金融出版社，2012：64－65.

性、合理性和有效性进行定期研究和评价。"内部控制体系是董事会对管理层实施事前、事中和事后监督，确保战略决策得以执行的重要手段。由于具体的内部控制体系建设是管理层在负责，很多公司的董事会忽视了对内部控制体系的领导，如史方和张云（2016）对 2011—2013 年上海、深圳两市上市公司进行的实证研究就显示："公司董事会在内部控制中的作用尚未充分发挥出来。"[①] 因此，董事会必须重视对内部控制体系的领导，每年进行切实有效的评价并督促整改。

其次，着重优化内部控制活动的设计。内部控制必须由董事会领导。除内部控制环境、风险管理和信息沟通的设计外，相互保险组织应着重加强内部控制活动的设计。

一是明确职责，有效分离不相容岗位。对相互保险组织的业务流程进行全面分析，梳理出各环节中存在的不相容职务，采取如图 8-1 所示的分离措施，如会计与出纳分离、承保与理赔分离、印章使用与保管分离、合同拟定与审批分离等，形成相互制约的工作机制。二是完善授权审批制度，各级人员在权限范围内行使职权、承担责任，组织重大事项应实行集体决策审批或联签制度。三是健全会计核算系统，保证会计信息和资料的真实完整。四是加强财产保护，采取财产记录、实物保管、定期盘点、账实核对等措施，确保财产安全。五是实施全面预算，明确各单位预算管理的职责权限，强调预算的硬约束。

8-1　不相容岗位的分离与牵制

相互保险组织尤其还应注重信息统计系统的建设，提高精算水平。通过业务信息系统的建设，建立庞大的数据库，为业务分析提供基础。这样既便于组织进行产品研发，又能更准确地测算各类准备金，保障会

---

① 史方，张云. 董事会效率与内部控制有效性的实证研究 [J]. 广西财经学院学报，2016（8）：76.

计信息的真实可靠，为监督的实施提供良好的基础。

二、自律的核心：监事会监督

（一）监事会的职能定位

美国实行董事会内设独立董事主要负责监督任务的一元模式，德国实行监事会分设的二元模式，日本曾既借鉴德国又借鉴美国，采取二元并行模式。由于运行中存在监事会和独立董事两者职能的冲突，经过探讨，日本立法当局最终把监督模式的选择权交给公司，由公司在章程中明确，但规定如果选择了监事会模式，董事会中可任意设置独立董事，如果选择独立董事模式，则不能再设监事会，以防监事会与独立董事相互推诿。我国相互保险组织则是采用监事会和独立董事并存的模式，如此设置的原因在于监事会和独立董事在职能上的不同。日本将独立董事和监事会的职能都定位于监督，因此认为没必要同时并设。我国相互保险组织的独立董事作为董事会成员，虽然也有监督的功能，但更主要的职能是决策制衡；监事会的职能定位是纯粹的监督，这与德国的监督董事会还有对重大事项的决策权不同。决策权与监督权彻底分离才能保证监事会的独立性，并且也不存在独立董事与监事会尤其是独立监事之间相互推诿的问题。

（二）监事会的层级定位

在德国，监督董事会的地位高于管理董事会，拥有对管理董事会成员进行选聘、薪酬确定和监督等权力，对特别重大的事项有决策权。根据前文分析，我国相互保险组织也采纳了日本的监督与决策并行的模式，监事会和董事会在层级上平行，但在业务上董事会受监事会监督。监事会是组织的最高监督机构，这树立了监事会的权威性，便于开展监督工作。

（三）集体监督与独立监督相结合的监督方式

在监督方式上，监事会与董事会存在明显差异。董事会的职责是进行决策，进行的决策是董事会的集体决策，任何个人都不能代替董事会。监事会的职责是监督，不仅监事会集体可以开展监督工作，监事个人也可以开展监督工作，即集体监督和独立监督相结合。集体监督是以监事会集体决策的方式开展监督工作，制定监督方案，确定具体的监督方式，然后通过监事会会议的集体决策方式形成监督结论、决议。由于监督工作是关于被监督者是否符合组织规范的判断，因此，监事会集体决策方式更适用于模糊性事项和存在争议的事项，比如在没有明确董事违规的情况下，对董事履职等级的评定、董事会报告的认可等。独立监督是指监事可以独自开展监督工作，不受其他监事影响，通过证据收集、分析判断被监督者违规与否。这种方式更适用于较为明确、具体的实体业务性监督，即被监督者是否违反哪条规定。独立监督制度解除了监事相互间的束缚，监事更能放开手脚去开展监督工作，尤其是在相互保险组织使命感、责任感和成就感的组织文化熏陶下，更能发挥积极的作用。

三、自律的重要手段：审计

（一）审计工作的管辖权——监事会

独立性和权威性是审计工作有效开展的精髓，除体现在审计人员要专业、客观、公正地开展审计工作外，审计工作的独立性和权威性还必须通过组织结构的地位来保障。

首先，从内部审计看，目前银保监会制定的规范规定内部审计的最终负责人是董事会，监事会可以对内部审计进行指导和监督。这说明内部审计实际上是对董事会负责，体现的是董事会对管理层经营管理的监督。这样的安排必然导致董事会处在审计对象范围之外，因为下级对上级的审计效果会大打折扣。刘世林（2010）通过内部审计与治理要素关系的分析指出内部审计是一种制衡的技术手段，与"决策系统"的功能是相互排斥的，而与"监督系统"的关系则是互补和融合的，因此内部审计只能依附于监督制衡系统才能发挥作用。[①] 内部审计在公司治理中的地位主要体现为权力制衡的支持系统和监督制衡的信息系统。因此，相互保险组织的内部审计管辖权应由监事会行使，而不是董事会。

其次，对于聘请外部审计机构对组织的外部审计，股份制公司一般

[①] 刘世林. 基于决策、执行、监督分离治理模式下的企业内部审计地位探讨 [J]. 会计研究，2010 (2)：76—77.

由董事会组织选聘，股东大会审批。对于相互保险组织，董事会的参与会对审计工作的独立性产生影响，因而董事会不宜参与选聘工作，而且相互保险组织没有拥有最高决定权的股东大会，保东大会也无权单方面作决定，因此，对外部审计机构的管辖权也应由监事会行使。

审计工作管辖权归监事会有利于监事会做实事，从目前我国股份制公司的现实情况来看，监事会往往就是个摆设，没人、没钱，无法开展具体工作。将审计工作管辖权归监事会后，监事会就有了具体办事的机构、人员，才能发挥实际监督作用。

（二）审计的重点内容——内部控制

通常情况下，大家关心的审计内容是业务实质性审计，即具体业务事项的真实性、合规性，如财务报表审计、财务收支审计等。虽然这些专项审计很重要，但从自律的角度来看，应首要做好内部控制审计，因为内部控制问题是"本"，业务问题是"标"。内部控制是相互保险组织自律的基础，内部控制的有效性是影响组织自律的重要因素。早在1939年，美国注册会计师协会就增加了对内部控制的评价，2002年安然事件后，美国证券交易委员会（SEC）和美国公众公司会计监管委员会（PCAOB）进一步对会计师事务所执行内部控制审计进行了规定。"美国直接推动对内部控制予以评价、审核和审计的核心力量是有关政府部门及其监管机构基于保护社会公众利益和提高上市公司营运质量所作出的制度性创新安排。"[①] 相互保险组织基于公信力的提高，必须加强内部控制审计。

作为相互保险组织的自律手段，对内部控制的审计不能局限于外部强制审计，而应该由监事会定期组织开展对内部控制有效性评价的内部审计。通过审计评价，一方面可以促进董事会去完善、改进；另一方面也为监事会等监督者提供监督的方向、重点，从内部控制薄弱的地方入手查出问题。

---

① 张龙平，陈作习，宋浩. 美国内部控制审计的制度变迁及其启示 [J]. 会计研究，2009（2）：77.

四、自律的辅助：道德驱动监督

相互保险组织以"互助利他"为组织原则，成员更具有广泛的互助利他精神，尤其是拥有权力的各级管理干部，有更强的使命感、责任感和成就感，这是实施道德驱动监督机制的基础。实施道德驱动的监督机制应做好以下三个方面的工作：

首先，要制定好道德规范。使命感、责任感和成就感是一个较为笼统的提法，不同的人有不同的认知，需要进一步细化，将其变成具体的行为规范。中国保监会 2009 年就发布了《保险从业人员行为准则》和《保险从业人员行为准则实施细则》。相互保险组织还可以根据各岗位工作的特点进一步细化，以更好地指导被监督者的行为，成为被监督者自我评价和监督者评价的标准。

其次，要加强道德教育和培训，帮助被监督者形成正确的权力观、道德观，使之深刻地掌握具体的道德行为规范，内化于心，提升自我修养，变自发为自觉，在工作中自觉地遵循道德规范。

最后，要形成道德评价机制，一定程度上扭转"软约束性"。建立道德档案制度和道德评议制度，设立信箱和网络等多种监督渠道，对评议结果进行分类分级的披露，对被监督者形成反馈机制。

第六节　基于他律的监督机制的实施

他律来自两方面：一是政府，二是社会。政府的监督主要包括法律规制和银保监会作为行业主管机关的监管。

一、政府监督的主要途径

（一）法律规制

法律是国家管理社会事务的有效手段，相互保险组织应该有一套完善的法律体系。目前，我国相互保险组织还没有取得正式的法律意义上的身份。因此，首先应制定与宪法相衔接的相关法律，如对《公司法》或《保险法》进行修订，将相互保险组织纳入其中，给予相互保险组织法律意义上的身份；其次建立可操作性强的具体的相关规章制度。

（二）保险监管机构的监管

1994 年成立的国际保险监督官协会（IAIS）主要对各国的保险监管进行交流、协调，共同促进了监管有效性的提高。1997 年，IAIS 推出第一部《保险监管核心原则》，2004 年专门颁布《保险公司治理结构监管核心原则》，该原则将此前散见于各核心原则中与公司治理相关的主要内容汇集在一起。2011 年，IAIS 进一步修订后发布《保险核心原则、标准、指引和评估方法》，将原来的 28 条核心原则调整为 26 条，2015 年再次进行了修订，其中第 7 条是关于公司治理监管的核心原则："监管机构要求保险公司建立和实施公司治理框架，该框架为保险公司的业务提供了健全和审慎的管理和监管，同时充分承认并保护投保人利益。"第 8 条是关于风险管理和内部控制的核心原则。可见，世界各国对保险组织的治理都很重视。我国于 1997 年成立中国保险监督管理委员会，于 2000 年加入了 IAIS，2018 年与中国银行监督管理委员会合并成立中国银行保险监督管理委员会。国际保险监管已形成"偿付能力监管、市场行为监管和公司治理监管"的三支柱保险监管体系。治理监管也是我国保险监管机构实施监管的核心内容之一，相互保险组织也不应例外。

1. 明确保险监管机构实施治理监管的目标

相互保险组织中保东和被保险人统一称为保东，而且相互保险组织更带有公共责任，对整个社会公众负责。因此，我国相互保险组织治理监管的目标就是通过建立健全决策透明、监督有效的法人激励约束机制，实现对社会公众和市场的负责，进而防范经营风险，保护保东利益。一方面，要形成一套清晰和权威的相互保险组织的治理状态和过程的评判标准；另一方面，要防范和化解组织治理的风险，如管理失控的风险、关键管理人员舞弊的风险、资产安全风险等。

2. 监管内容与监管行为

保险机构的治理监管内容主要包括保东（代表）大会、董事会、监事会、内部控制、合规和风险管理，激励机制，监督和问责，信息披露。监管行为主要有以下六个方面：

一是规则引导，通过制定部门规章、办法，引导相互保险组织治理行为规范有序。中国保监会 2015 年制定了《相互保险组织监管试行办法》，这是目前唯一专门适用于相互保险组织的部门规章，更多的治理行为都是沿用股份制公司的相关制度。

二是审查许可，对组织治理所涉及的重要环节实施强制性的审查许可制度，确保组织的运行在严格监控之下，如组织成立，章程变更，董事、监事、高管等关键管理人员资格，新产品推出，股份化转制等。

三是报告制度，分为即时报告、年度报告和特别报告三类。即时报告主要包括关联交易报告、董事会会议报告等；年度报告有公司治理报告；特别报告是指公司的总精算师、合规负责人、内审负责人和董事会秘书等关键岗位高管及独立董事在公司发生重大风险或违规事件时，向监管机构的直接报告。

四是非现场监管，监管机构通过审阅报告、谈话等措施实施监管，如要求相互保险组织提交年报、临时报告等各类报告，约谈组织负责人核实情况等。

五是现场监管，监管机构对组织可能存在的问题进行日常或特定的现场监管，具体方式包括参加会议和现场检查。参加会议是监管机构安排人员参加组织的董事会会议、监事会会议、保东（代表）大会等各类重要会议，了解组织决策过程，督促重要事项依法依规。现场检查又分为系统性检查和专项检查。

六是风险处置，对出现风险问题的组织进行监管矫正，有风险提示和监管处置两种方式。风险提示是根据掌握的信息了解到组织存在一定风险时对组织发风险提示函或约谈关键管理人员，提示组织存在的风险，督促及时解决。监管处置是针对组织存在的深层次或重大风险采取停业、限制经营、撤换高管、补充运营资金等多种措施进行处置，化解风险。

二、社会监督的主要形式

政府对相互保险组织的监管主要是制度监管，组织的自律既包括道德自律也包括制度自律，社会监督既包括制度监督也包括道德监督。监督机制包括规范机制和评价机制，社会监督提供的是评价机制，对相互保险组织的道德遵循性和制度遵循性进行评价。社会监督具有覆盖面大、影响大、可预警以及和自律、政府监管相互配合的特点。社会监督主要有以下形式：

一是社会公众监督。相互保险组织治理的目标取向是公共问责和保东问责，保东也是被保险人，具有广泛的社会性，因此，社会公众参与监督是理所当然的。社会公众的监督需要相互保险组织、政府和其他社会组织搭建组织平台，构建监督渠道，如相互保险组织的门户网站投诉专栏、投诉热线，媒体的新闻热线，保险监管机构的信访、举报平台等。

二是媒体舆论监督。"舆论是社会矛盾生活的监督器或晴雨表，只要社会矛盾系统和社会实践系统的某些环节和方面出现失常或失调现象，影响到人们的价值系统，就一定会在舆论中得到反映。"[1] 媒体监督是舆论监督的典型形式，媒体监督比一般的舆论监督更具有公开性和及时性，监督效力也更强。翟胜宝等（2015）对我国国有上市公司进行实证分析，发现媒体能对公司高管的在职消费形成有效的监督，而且媒体之间的相互竞争还能提高监督效果。[2] 媒体的监督机制往往与声誉机制和市场压力机制相结合。一方面，媒体监督可以提升组织公信力，促进社会公众的参与意识和组织员工的道德意识；另一方面，媒体能及时曝光相互保险组织的负面信息，对违规者给予道德上的谴责，并引起公众的关注，降低组织公信力和违规者声誉，同时给组织提供预警。

由于媒体也是一个经营机构，媒体的监督行为既受社会公共责任的影响，也受自身利益的影响。孔东民等（2013）对我国上市公司的实证分析指出媒体存在"监督"与"合谋"两种角色的可能。[3] 因此，也要防止媒体出现偏离事实的合谋行为。

三是专业社会机构监督。专业社会机构主要有会计师事务所、律师事务所、信用评级机构、行业协会等独立于相互保险组织的社会机构。

---

① 徐向红. 现代舆论学 [M]. 北京：中国国际广播出版社，1991：259.

② 翟胜宝，徐亚琴，杨德明. 媒体能监督国有企业高管在职消费么？[J]. 会计研究，2015 (5)：62.

③ 孔东民，刘莎莎，应千伟. 公司行为中的媒体角色：激浊扬清还是推波助澜？[J]. 管理世界，2013 (7)：160.

这些社会机构一般具有专业性，能够对相互保险组织的经营管理从专业角度进行深入剖析，其结论的权威性、可信度较高。部分专业社会机构出于提升自身知名度或出售评价分析报告的目的，会主动实施监督，发表意见。更多的时候专业社会机构是出于相互保险组织自律或政府监管的需要，接受他们委托开展监督活动。如监事会聘请会计师事务所出具年报审计意见，政府请律师事务所和会计师事务所实施独立检查等。

结　论

本书以相互保险组织为研究对象，剖析了相互保险组织治理的本质特征，以委托—代理理论、利益相关者理论等相关理论为依据，规范分析我国相互保险组织治理的框架，并对当前我国相互保险组织的治理进行实证分析，试图构建我国相互保险组织的治理体系。主要结论如下：

一、相互保险组织治理有其本质特征

自利性与社会性相结合的人性假设，所有权、控制权和实际受益权分离的产权关系，更为复杂的委托—代理关系，需要利益相关者的协同治理，治理的目标取向是公共问责与保东问责，章程在治理中有更为重要的作用。

二、我国相互保险组织治理处于探索起步阶段

目前我国相互保险组织基本上直接借用股份制公司的治理模式，而且在实际运行中还存在治理主体权利配置、决策权配置、内外监督有效性等多方面的问题，这将影响组织治理的效力、组织公信力的提升和组织资金的筹集，最终影响组织的可持续发展。因此，需要建立适合相互保险组织自身特点的治理体系。

三、关于治理结构

笔者根据相互保险组织治理的自身特点进行分析，认为相互保险组织治理的基本框架应该是：内部结构性治理和外部功能性治理相结合，内外并重的治理体系。具体结构如图1所示，作为重要利益相关者的保东、保证性资金提供者、代表政府的银保监会和职工共同参与组织的内部治理，其中职工只参与监督不参与决策。政府和其他利益相关者则通

过法律、行政、司法以及媒体、鉴证评估等社会机构参与外部治理。

相互保险组织的内部治理结构应针对重要利益相关者分设互不影响的权力机构：保东（代表）大会、保证性资金提供者会、职工委员会，并设置董事会和监事会、管理层作为治理的信托责任机构。董事会是决策机构，董事会下设内部控制委员会、战略委员会、薪酬委员会等具体工作委员会；监事会是监督机构，负责对董事会和管理层实施监督，监事会下设负责审计工作的专门委员会。董事会、监事会和管理层之间保持独立，互不兼任，实行两职分离的领导权结构。

董事会由保东董事、保证性资金提供者董事、独立董事构成，监事会由保东监事、保证性资金提供者监事、独立监事和职工监事构成。在确定董事和监事人选的决策中，为保持被选人员的独立性，保东董事和保东监事以及职工监事应按照"自荐、公推、票决"方式确定，不再由董事、监事、保东或职工委员会提名；独立董事和独立监事由银保监会建立专家库初选，然后仍然按照"自荐、公推、票决"的方式确定，不再由董事会或监事会提名；保东董事和保证性资金提供者董事参与治理的行为依据是保东（代表）大会和保证性资金提供者会的意见，独立董事的行为依据是其自身的独立意见，监事会成员的行为则是以被监督者履职的所有规定为依据进行自主监督。

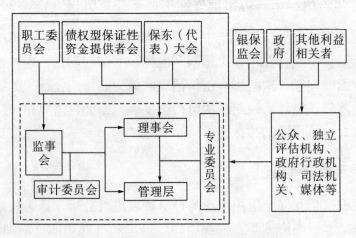

图 1　相互保险组织治理结构的基本框架

四、关于决策机制

董事会是相互保险组织的最高独立决策机构，董事会决策属于组织的最终决策，不再需要经类似于股东大会的保东（代表）大会等机构作最终决策。董事会成员的决策依归于其各自作为委托人的权力机构的决策。保东（代表）大会采用"一个身份一票"的决策规则。保证性资金提供者会采用"资金份额民主制"的决策规则。职工委员会采用"一人一票"的决策规则。董事会采取"一人一票"的集体决策方式，董事成员（包括董事长）个人不能独立决策。董事会应采用"权力分享董事会"模式，实行层级决策制，将部分权力授权管理层执行。董事会的主要职责也应随组织发展的不同阶段有所侧重。

五、关于激励约束机制

自利性和社会性的人性假设尤其适用于相互保险组织的微观个体。与股份制保险公司相比，相互保险组织中的微观个体有更强的风险厌恶偏好和互助利他偏好，相互保险组织的经济利益激励水平较低且没有利润分享的激励，绩效考核目标更难以准确界定，缺乏控制权市场对经营者的竞争约束，同时又充满互助利他的文化氛围。因此，相互保险组织应建立以使命感、责任感和成就感等为主的内部激励约束与以经济利益激励、职业声誉激励和组织文化、组织目标等为主的外部激励约束相结合的综合激励约束机制，形成内外相互作用的叠加效应。

就保东代表而言，不仅要激励其参与治理的使命感、成就感，还需要给予适当的经济奖励或费用补贴，尤其是在偿付能力充足的前提下适当分红，以鼓励其参与组织治理。就董事和监事而言，可以从使命感和成就感方面对其进行激励，同时也要从职业荣誉、职业发展和经济报酬方面给予有效的激励与约束。就管理者而言，同样可以实施使命感等内在性激励，但由于管理者是全职工作，职业荣誉、职业发展和经济利益报酬的激励有更为重要的意义。相互保险组织的特殊性使得管理者的经济利益激励不可能过高，管理者有更强的风险厌恶，可以用控制权（继续或更高职位的工作权）激励来补偿或替代管理者薪酬激励的不充分。但是，在对管理者进行激励的同时必须加强考核，并形成经理人市场对

管理者进行约束。

六、关于信息披露机制

相互保险组织信息披露的对象是整个社会公众，信息披露的目标是提升组织的公信力。相互保险组织信息需求者的信息行为总体上存在动力不足，信息供给者既存在信息披露的积极性又存在较强的信息隐藏和歪曲动机。因此，必须按照类似于公众上市公司甚至更高的要求来建立相互保险组织的信息披露机制，即以政府强制性信息披露为主导，组织自愿性信息披露为补充，社会第三方机构发挥信息披露的辅助作用。

相互保险组织信息披露应突出"互助"方面的信息，并以真实性、及时性、准确性、完整性和规范性为标准，坚持对信息使用者的公开、公平和公正。在强制性信息披露方面，应以董事会为责任主体，按照《企业会计准则》编制会计信息，建立完善的业务信息系统，确定包括组织基本情况、组织目标与实现机制、组织目标实现情况、重大事项以及管理层分析等在内的综合性信息披露内容，并应以监事会为鉴证工作的责任主体，选聘会计师事务所等第三方机构进行鉴证。为保证强制性信息披露的有效实施，需要政府制定法律规章，保险监管机构实施监管，并以良好的内部控制为基础，还要提升第三方鉴证机构的公信力。由于精算准备金计提等的可操纵性较大，尤其还要加强精算工作的监管。在自愿性信息披露方面，因为缺乏披露的强制力，只能依赖于组织内部机制来实现，但必须保证所披露信息的质量，也同样可以聘请第三方进行鉴证以提高信息的公信力。在第三方机构介入信息披露方面，充分发挥第三方机构参与鉴证和主动挖掘新信息的作用，但由于第三方机构的自利性，应注意对信息进行甄别。

七、关于监督机制

相互保险组织存在保东监督动力不足、保证性资金提供者容易操控组织、缺乏控制权市场的作用以及因组织目标多元化而导致监督评价标准难以界定等容易导致内部人控制的劣势。同时，也有微观个体因风险厌恶偏好而不愿违规冒险和互助的使命感、责任感等降低内部人控制问题的优势，但这种优势相对较弱。总体上看，相互保险组织容易发生内部人控制问题，因此，需要建立有力度的监督机制。通过对美国相互保险组织监督机制的考察，考虑到道德监督的软约束以及组织自律和社会监督的非强制性，我国相互保险组织的监督机制应该实行自律与他律相结合的手段，即以组织自律为基础、以政府监督为核心、以社会监督为补充，三者相互补充、相互监督。

在组织自律方面，应以章程和内部控制体系为基础，以监事会监督为核心，以审计为重要手段，并以道德驱动监督为辅助。章程的制定及修改应坚持"无知之幕"原则，内部控制体系应切实实行董事会领导，监事会监督应注意集体监督和独立监督相结合，审计的管辖权应由监事会持有，并以内部控制审计为内审的重点。在他律方面，政府应从法律规制保险监管方面着手。保险监管机构更要制定具体的规章制度，实施审查许可、书面报告、现场检查及风险处置等措施加强监管；社会监督要从公众、媒体及专业机构三方面实施。

参考文献

一、中文译著

D. 法尼. 保险企业管理学 [M]. 张庆洪，等译. 北京：经济科学出版社，2002.

F. J. 古德诺. 政治与行政 [M]. 王元，译. 北京：华夏出版社，1987.

安东尼·唐斯. 民主的经济理论 [M]. 姚洋，等译. 上海：上海人民出版社，2005.

奥利弗·E. 威廉姆森. 资本主义经济制度：论企业签约与市场签约 [M]. 段毅才，王伟，译. 北京：商务印书馆，2003.

奥利弗·哈特. 不完全合同、产权和企业理论 [M]. 费方域，等译. 上海：格致出版社，上海三联书店，上海人民出版社，2011.

伯利，米恩斯. 现代公司与私有财产 [M]. 甘华鸣，等译. 北京：商务印书馆，2005.

布莱尔，罗伊. 雇员与公司治理 [M]. 陈宇峰，等译. 北京：中国人民大学出版社，2014.

布伦南，布坎南. 宪政经济学 [M]. 冯克利，等译. 北京：中国社会科学出版社，2004.

赫伯特 A. 西蒙. 管理行为 [M]. 詹正茂，译. 北京：机械工业出版社，2013.

凯伊. 公司目标 [M]. 孙宏友，等译. 北京：中国人民大学出版社，2014.

罗纳德·H. 科斯. 论经济学和经济学家 [M]. 罗君丽，茹玉骢，译. 上海：上海人民出版社，2010.

曼瑟尔·奥尔森. 集体行动的逻辑 [M]. 陈郁，译. 上海：上海三联书店，上海人民出版社，1995.

尼克·威尔金森. 行为经济学 [M]. 贺京同，译. 北京：中国人民大学出版社，2012.

彭罗斯. 企业成长理论 [M]. 赵晓，译. 上海：上海三联书店，2007.

乔纳森·查卡姆. 公司常青：英美法日德公司治理的比较 [M]. 郑江淮，译. 北京：中国人民大学出版社，2006.

乔治·亨德里克斯. 组织的经济学与管理学：协调、激励与策略 [M]. 胡雅梅，等译. 北京：中国人民大学出版社，2007.

切斯特·I.巴纳德. 经理人员的职能 [M]. 王永贵，译. 北京：机械工业出版社，2013.

青木昌彦. 企业的合作博弈理论 [M]. 郑江淮，译. 北京：中国人民大学出版社，2005.

青木昌彦. 转轨经济中的公司治理结构 [M]. 北京：中国经济出版社，1995.

塞斯特·杜玛，海因·斯莱德. 组织经济学——经济学分析方法在组织管理上的应用 [M]. 原磊，王磊，译. 北京：华夏出版社，2006.

施蒂格勒. 产业组织和政府管制 [M]. 上海：上海三联书店，上海人民出版社，1996.

亚当·斯密. 国民财富的性质和原因的研究 [M]. 郭大力，译. 北京：商务印书馆，2010.

詹姆斯·G.马奇. 决策是如何产生的 [M]. 王元歌，章爱民，译. 北京：机械工业出版社，2007.

詹姆斯·P.盖拉特. 非营利组织管理 [M]. 邓国胜，等译. 北京：中国人民大学出版社，2013.

詹姆斯·马奇，赫伯特·西蒙. 组织 [M]. 邵冲，译. 北京：机械工业出版社，2013.

二、中文专著

陈辉. 相互保险：开启保险新方式 [M]. 北京：中国经济出版社，2017.

陈恳. 迷失的盛宴——中国保险史 1978—2014 [M]. 杭州：浙江大学出版社，2014.

陈昔武. 非营利组织治理研究 ［M］. 北京：中国人民大学出版社，2008.

陈昕. 财产权利与制度变迁——产权学派与新制度学派译文集 ［M］.
上海：格致出版社，上海三联书店，上海人民出版社，1991.

陈郁. 企业制度与市场组织——交易费用经济学文选 ［M］. 上海：上
海三联书店，上海人民出版社，1996.

陈郁. 所有权、控制权与激励——代理经济学文选 ［M］. 上海：上海
三联书店，上海人民出版社，1998.

方国春. 中国相互制保险公司治理的法律规制——基于公司治理主体权
利视角 ［M］. 北京：法律出版社，2017.

国际保险监督官协会. 保险核心原则、标准、指引和评估方法 ［M］.
北京：中国金融出版社，2012.

国际货币基金组织. 关于中国遵守《保险核心原则与方法》详细评估报
告 ［M］. 北京：中国金融出版社，2012.

国务院. 国务院关于加快发展现代保险服务业的若干意见 ［S］. 北京：
人民出版社，2014.

郝臣. 中国保险公司治理研究 ［M］. 北京：清华大学出版社，2015.

侯旭华. 保险公司会计 ［M］. 上海：复旦大学出版社，2006.

江生忠. 保险企业组织形式研究 ［M］. 北京：中国财政经济出版
社，2008.

金锦萍，葛云松. 外国非营利组织法译汇 ［M］. 北京：北京大学出版
社，2006.

梁涛. 相互保险组织运作及风险管理研究 ［M］. 北京：中国金融出版
社，2017.

刘炳瑛.《资本论》选读和简论 ［M］. 北京：华夏出版社，2006.

刘汉林. 西方理论经济学 ［M］. 成都：成都时代出版社，2003.

刘延平. 多维审视下的组织理论 ［M］. 北京：清华大学出版社，2007.

孟昭亿. 国际保险监管文献汇编（IAIS卷）［M］. 北京：中国金融出
版社，2006.

阮守武. 公共选择理论及其应用研究 ［M］. 合肥：安徽教育出版社，
2014.

夏纪军. 公平与集体行动的逻辑 ［M］. 上海：格致出版社，上海三联

书店，上海人民出版社，2013.

项俊波. 中国保险公司治理与监管报告［M］. 北京：中国金融出版社，2015.

徐莉. 非对称信息与保险交易行为研究［M］. 北京：中国金融出版社，2010.

杨小凯. 专业化与经济组织——种新兴古典微观经济学框架［M］. 北京：经济科学出版社，1999.

张维迎. 理解公司——产权、激励与治理［M］. 上海：上海人民出版社，2014.

张维迎. 企业理论与中国企业改革［M］. 北京：北京大学出版社，1996.

赵国贤. 美国保险监管及法规［M］. 北京：经济管理出版社，2005.

朱方明，姚树荣. 企业经济学［M］. 北京：经济科学出版社，2009.

三、学位论文

陈美衍. 现代西方产权经济理论研究［D］. 上海：复旦大学，2008.

崔冬初. 美国保险监管制度研究［D］. 长春：吉林大学，2010.

何春燕. 相互保险公司法律制度研究［D］. 北京：中国政法大学，2006.

胡晓静. 论公司治理中的利益平衡［D］. 长春：吉林大学，2007.

胡振华. 中国农村合作组织分析：回顾与创新［D］. 北京：北京林业大学，2009.

刘红. 中国保险公司经营状况综合评价指标体系与方法研究［D］. 上海：上海交通大学，2007.

刘美玉. 企业利益相关者共同治理与相互制衡研究［D］. 大连：东北财经大学，2007.

刘素春. 中国农业保险组织形式研究［D］. 武汉：武汉大学，2010.

刘正才. 中国家文化与华人企业治理模式［D］. 上海：华东师范大学，2002.

陆晓龙. 我国保险公司组织结构优化研究［D］. 天津：南开大学，2010.

罗胜. 保险公司治理评价与治理监管研究［D］. 天津：南开大学，2012.

毛刚. 我国非营利组织内部治理机制研究［D］. 成都：西南交通大

学，2006.

苏亚丽. 论相互保险公司的法律规制 [D]. 苏州：苏州大学，2017.

王箭. 布坎南宪法经济学理论研究 [D]. 长春：吉林大学，2014.

王姝. 主要发达国家国际保险监管制度比较研究 [D]. 长春：吉林大学，2013.

王显刚. 相互制保险公司组织形式研究——在中国市场运用的可行性 [D]. 天津：天津财经大学，2005.

王新. 论相互保险公司法律制度的构建 [D]. 北京：中国政法大学，2010.

魏纪泳. 多元利益主体共同治理机制研究 [D]. 合肥：中国科学技术大学，2006.

魏秀丽. 董事行为机制研究 [D]. 北京：首都经济贸易大学，2006.

吴伟. 公共物品有效提供的经济学分析 [D]. 西安：西北大学，2004.

夏利民. 论财团法人制度 [D]. 北京：对外经济贸易大学，2007.

谢延浩. 个体差异、参照体选择与意义建构对薪酬满意的作用机理研究 [D]. 南京：南京理工大学，2011.

邢婷婷. 保险公司内部控制研究 [D]. 天津：南开大学，2013.

袁兵. 相互保险公司法律问题研究 [D]. 烟台：烟台大学，2013.

张春海. 我国保险业经营效率研究 [D]. 北京：对外经济贸易大学，2014.

张可洁. 我国职工监事制度研究 [D]. 长沙：湖南大学，2011.

张明. 非营利组织的治理机制研究 [D]. 广州：暨南大学，2008.

张启强. 公共选择与立宪民主——詹姆斯·M. 布坎南的国家理论研究 [D]. 厦门：厦门大学，2007.

赵玉涛. 基于权变理论的中国保险公司风险管理体系构建研究 [D]. 北京：对外经济贸易大学，2014.

周灿. 中国保险业的经济外部性实证研究 [D]. 长沙：中南大学，2014.

周美芳. 非营利组织法人产权制度研究 [D]. 上海：复旦大学，2005.

四、期刊论文及其他

贲奔，臧明仪. 保险公司治理监管的硬约束 [J]. 中国金融，2014（3）.

曹冬媛. 日本公司监督模式的制度选择及其启示 [J]. 江西社会科学，

2017（1）.

曹元坤，占小军. 激励理论研究现状及发展［J］. 当代财经，2003
（12）.

常健. 论公司章程的功能及其发展趋势［J］. 法学家，2011（2）.

陈国权，毛益民. 道德制约权力：现实与可能［J］. 学术月刊，2012
（2）.

陈惠雄. 利他—利己一致性经济人假说的理论基础与最新拓展［J］. 学
术月刊，2012（11）.

陈仕华，郑文全. 公司治理理论的最新进展：一个新的分析框架［J］.
管理世界，2010（2）.

陈潭. 第三方治理：理论范式与实践逻辑［J］. 政治学研究，20017
（1）.

程新生. 公司治理、内部控制、组织结构互动关系研究［J］. 会计研
究，2004（4）.

窦尔翔，等. 中国经济改革的"政府—市场"格局优化路径［J］. 改革
与战略，2006（7）.

樊行健，肖光红. 关于企业内部控制本质与概念的理论反思［J］. 会计
研究，2014（2）.

方国春. 美国相互制保险公司治理的法律规制与启示——基于公司成员
权利配置视角［J］. 域外保险，2016（2）.

冯冠胜. 基于产权经济学对保险本质及其形态演变的分析［J］. 科学经
济社会，2006（3）.

冯米，张曦如，路江涌. 战略与结构匹配对新兴市场企业集团绩效的影
响［J］. 南开管理评论，2014（6）.

谷晶. A股市场的有效性研究［J］. 现代管理科学，2010（10）.

郭学勤，王秀芝. 相互保险及其对我国发展职工互助保障的启示［J］.
江西社会科学，2007（4）.

郝臣，崔光耀. 保险公司治理对偿付能力影响实证研究——基于公司治
理评价视角［J］. 金融与经济，2016（8）.

郝臣，李慧聪，罗胜. 保险公司治理研究：进展、框架与展望［J］. 保
险研究，2011（11）.

郝臣，李礼. 公司治理模式的多维度比较研究：构建公司治理权变模式 [J]. 南开管理评论，2006 (2).

郝臣，孙佳琪，钱璟，付金薇. 我国保险公司信息披露水平及其影响研究——基于投保人利益保护的视角 [J]. 保险研究，2017 (7).

何小伟，闫晓旭. 国际保险业的"非相互化"：动因、影响及借鉴 [J]. 保险研究，2016 (5).

胡元木，谭有超. 非财务信息披露：文献综述以及未来展望 [J]. 会计研究，2013 (3).

淮建军，雷红梅，赵誉谦. 信息披露：近 40 年国外研究综述 [J]. 经济评论，2010 (2).

黄震，周葛子. 现代公司治理中的决策规则研究 [J]. 中央财经大学学报，2008 (7).

江兵，彭笑笑. 我国上市公司信息披露质量评价体系研 [J]. 中国管理科学，2016 (11).

孔东民，刘莎莎，应千伟. 公司行为中的媒体角色：激浊扬清还是推波助澜？[J]. 管理世界，2013 (7).

黎文靖，孔东民. 信息透明度、公司治理与中小股东参与 [J]. 会计研究，2013 (1).

李维安，牛建波，宋笑扬. 董事会治理研究的理论根源及研究脉络评析 [J]. 南开管理评论，2009 (1).

李维安，邱艾超，等. 公司治理研究的新进展：国际趋势与中国模式 [J]. 南开管理评论，2010 (6).

李文钊. 公共组织决策理论：起源、模型与发展趋势 [J]. 管理世界，2006 (12).

李锡海. 权力文化与腐败犯罪 [J]. 山东社会科学，2007 (1).

李越，张峭，王克. 农业互助合作保险的国际经验与借鉴 [J]. 农业经济管理，2016 (2).

凌士显. 保险业特殊性与公司治理潜在风险分析 [J]. 保险理论与实践，2016 (11).

刘美玉. 基于利益相关者共同治理的保险公司治理研究 [J]. 保险研究，2008 (9).

刘素春. 保险公司治理的特殊性研究——基于利益相关者理论 ［J］. 保险研究，2010（5）.

刘燕，李敏. 中国引入相互保险公司面临的挑战 ［J］. 中国保险，2015（12）.

刘燕. 基于企业契约理论的机会主义行为分析 ［J］. 山西财经大学学报，2006（2）.

卢馨，方瑞孜，郑阳飞. 外部环境能够抑制企业高管腐败吗？［J］. 经济与管理研究，2015（3）.

陆正飞，胡诗阳. 股东—经理代理冲突与非执行董事的治理作用——来自中国 A 股市场的经验证据 ［J］. 管理世界，2015（1）.

罗利勇. 组织视角的企业治理目标 ［J］. 企业管理，2014（12）.

罗炜，朱春艳. 代理成本与公司自愿性披露 ［J］. 经济研究，2010（10）.

马君，胡佳，杨涛. 打开奖励的"薛定谔黑箱"：认知学派与行为学派的理论分野与整合 ［J］. 外国经济与管理，2015（3）.

那述宇. 监督机制的概念解析与模式选择 ［J］. 南通师范学院学报（哲学社会科学版）. 2002（12）.

聂辉华. 契约理论的起源、发展和分歧 ［J］. 经济体制比较，2017（1）.

牛雪舫. 论我国相互保险组织内部治理改革 ［J］. 保险职业学院学报，2018（2）.

偶见. 论商业保险的社会功能 ［J］. 金融纵横，2014（6）.

彭华伟. 美国伦理文化观的历史形成及对公司治理的影响 ［J］. 现代商业，2014（9）.

彭仁贤，韩江波. 分享经济理论的演化：维度、路径与逻辑 ［J］. 江淮论坛，2013（3）.

綦好东，王斌，王金磊. 非上市国有企业信息公开披露：逻辑与事实 ［J］. 会计研究，2013（3）.

曲扬. 公司治理模式与国家文化的关联性研究 ［J］. 中央财经大学学报，2005（8）.

申院荣. 从管理层控制博弈分析看保险公司治理监管 ［J］. 经济论坛，

2007（1）.

沈健，杜鹃. 相互保险组织与股份保险公司效率比较：国外文献综述
[J]. 南方金融，2017（2）.

沈蕾. 论保险公司治理的特殊性——一个数理模型的分析 [J]. 财经论
丛，2009（3）.

石东洋，袁冰. 相互保险公司的种类及特性 [J]. 福建法学，2013
（3）.

斯蒂格利茨. 自由、知情权和公共话语——透明化在公共生活中的作用
[J]. 宋华琳，译. 环球法律评论，2002（3）.

宋莹. 英国保险业监管新框架及对我国的启示 [J]. 南方金融，2015
（1）.

孙丽娟，李莹蕾. 日本相互保险公司的发展演变及其原因分析 [J]. 现
代日本经济，2013（2）.

孙天法. 内部人控制的形式、威权与解决措施 [J]. 中国工业经济，
2003（7）.

谭劲松，等. 企业生命周期与董事会结构：资源依赖理论的视角 [J].
会计与经济研究，2017（11）.

田高良，封华，于忠泊. 资本市场中媒体的公司治理角色研究 [J]. 会
计研究，2016（6）.

田国强. 现代经济学的基本分析框架与研究方法 [J]. 经济研究，2005
（2）.

庹国柱，朱俊生. 对相互保险公司的制度分析——基于对阳光农业相互
保险公司的调研 [J]. 经济与管理研究，2008（5）.

庹国柱. 对于发展我国相互保险的一些认识 [J]. 中国保险，2016
（1）.

王波，叶勇，李明. 媒体的公司治理作用研究述评与未来展望 [J]. 华
东经济管理，2014（10）.

王荣昌，贺美兰. 独立董事制度：历史根源与研究现状 [J]. 生产力研
究，2008（6）.

王世权，李维安. 监事会治理理论的研究脉络及进展 [J]. 产业经济评
论，2009（3）.

王世权，宋海英. 上市公司应该实施独立监事制度吗？——来自中国证券市场的证据 [J]. 会计研究，2011（10）.

王世权. 监事会的本原性质、作用机理与中国上市公司治理创新 [J]. 管理评论，2011（4）.

王涛，赵守国. 董事会制度：成因、作用及启示 [J]. 西北工业大学学报（社会科学版），2005（6）.

王雄元，刘焱. 产品市场竞争与信息披露质量的实证研究 [J]. 经济科学，2008（1）.

王宜可. 相互保险组织经理人支出偏好及监督保险 [J]. 职业学院学报，2018（2）.

王颖. 国际保险监管模式及启示 [J]. 宏观经济管理，2013（4）.

王珍宝. 德国工会的组织运作及其启示 [J]. 工会理论研究，2013（6）.

魏明海，蔡贵龙，程敏英. 企业股权特征的综合分析框架——基于中国企业的现象与理论 [J]. 会计研究，2016（5）.

吴宏洛. 论我国劳动力产权的实现 [J]. 东南学术，2010（1）.

吴建斌. 公司章程行为的认定及其实际运用 [J]. 南京大学法律评论，2002（8）

吴韧强. 相互保险热的动因及其对保险业的影响 [J]. 上海保险，2015（12）.

夏喆，陈延. 我国保险行业公司治理存在着特殊性吗？——基于2012—2014年的数据对比分析 [J]. 湖北经济学院学报（人文社会科学版），2016（8）.

项俊波. 对当前我国保险改革与发展问题的思考 [J]. 保险研究，2013（8）.

肖洋. 德国崛起的社会文化解读 [J]. 当代世界，2012（11）.

谢增毅. 董事会委员会与公司治理 [J]. 法学研究，2005（5）.

徐小三. 关于企业的性质"完整"解释的讨论 [J]. 生产力研究，2010（10）.

徐忠爱. 从组织理论到契约经济学文献综述 [J]. 产业经济评论，2009（12）.

闫海，栾鸾. 我国相互保险公司的商事组织立法研究［J］. 中国保险，
　　2011（11）.

严也舟. 法律环境、政府干预与公司治理研究综述［J］. 中国管理信息
　　化，2008（8）.

杨德明，赵璨. 媒体监督、媒体治理与高管薪酬［J］. 经济研究，2012
　　（6）.

杨红明，廖建桥. 企业员工内在工作动机研究述评［J］. 外国经济与管
　　理，2007（3）.

杨蕊，任宏伟，董新瑞. 基于我国上市公司自愿性信息披露质量的思考
　　［J］. 经济问题探索，2011（4）.

姚书杰. 分工、协调和企业组织若干基本理论问题［J］. 当代经济管
　　理，2011（12）.

姚树洁，冯根福，韩钟伟. 中国保险业效率的实证分析［J］. 经济研
　　究，2005（7）.

尹小平. 集团主义文化与日本公司治理结构的内部化制度变迁［J］. 现
　　代日本经济，2014（6）.

于茂荐，孙元欣. 专用性投资、法律制度环境与治理机制选择——基于
　　制造业上市公司的经验证据［J］. 山西财经大学学报，2016（3）.

袁力. 加强内控建设，有效应对后金融危机时代挑战［N］. 中国会计
　　报，2010（1）.

岳雪玲，张艳. 保险业高管酬薪激励制度：欧美经验及其启示［J］. 金
　　融经济，2012（7）.

翟曲. 公司治理中的内部审计——受托责任视角的内部治理机制观
　　［J］. 审计研究，2006（2）.

翟胜宝，徐亚琴，杨德明. 媒体能监督国有企业高管在职消费么？［J］.
　　会计研究，2015（5）.

张柯. 相互保险公司与股份保险公司的比较研究［J］. 上海保险，2005
　　（5）.

张龙平，陈作习，宋浩. 美国内部控制审计的制度变迁及其启示［J］.
　　会计研究，2009（2）.

张冉，凯莉·瑞德弗恩，珍妮·格林，等. 非营利部门员工从业动机研

究：利他主义的反思［J］. 浙江大学学报（人文社会科学版），2011（4）.

张扬，郝臣，李慧聪. 国外保险公司治理研究：主题、逻辑与展望［J］. 保险研究，2012（10）.

张烨. 媒体与公司治理关系研究述评［J］. 经济学动态，2009（6）.

张祖荣. 农业相互保险制度的利弊分析［J］. 浙江金融，2006（11）.

中国人民银行金融稳定局课题组. 巴塞尔协议与保险业偿付能力监管标准［J］. 中国金融，2012（9）.

周建，张双鹏，刘常建. 分离 CEO 两职合一：代理问题缓和与战略继任的开始［J］. 管理科学，2015（5）.

周军，卢山. 论公司控制权的基本涵义和特征［J］. 企业经济，2011（4）.

周梅. 德国监事会制度的最新发展及对中国监事会发展的启示［J］. 中德法学论坛，2009（7）.

周业安. 人的社会性与偏好的微观结构［J］. 学术月刊，2017（6）.

周游. 企业组织形式变迁的逻辑［J］. 政法论坛，2014（1）.

五、英文文献

COSO. Internal Control-Integrated Framework［R］. COSO，July 1994 Edition.

Hansman. N H B. The role of nonprofit enterprise［J］. Yale law journal，1980（89）.

George A. Akerlof. The market for "Lemons"：Quality uncertainty and the market mechanism［J］. The quarterly journal of economics，1970. 84（3）.

Weinstein JR. Financial incentives for non-profits［J］. Fund raising management，1989，20（7）.

Steinberg R. Profits and incentive compensation in nonprofit firms［J］. Non-profit management and leadership，1990（1）.

Jensen M C. The modern industrial revolution，exit，and the failure of internal control system［J］. The journal of finance，1993，48（3）.

Cable. D. M, Judge. T. A pay preference and job search decisions: A person-organization fit perspective [J]. Personnel psychology, 1994 (47).

Holmstrom B, Milgrom P. Multi-Task princip-agent analyses: incentive contracts, asset ownership and design [J]. Journal of law, economics and organization, 1991 (7).

Newhouse J. Toward a theory of non-profit institutions: an economic model of a hospital [J]. American economic review, 1970 (60).

Spiller. Ownership and performance: stock and mutual life insurance companies [J]. Journal of risk and insurance, 1972 (39).

Jemison, David B. , R. A. Oakley. The need to reform corporate governance in the mutual insurance industry [J]. The journal of business strategy, 1981 (1).

Hansmann H. The organization of insurance companies: Mutual versus stock [J]. Journal of law economics and organization, 1985 (1).

Mayers D, Smith C. W. Contractual Provisions, Organizational Structure, and Conflict Control in Insurance Markets [J]. Journal of business, 1981, 54 (3).

Mayers D, Smith C. W. Ownership structure and control: the mutualization of stock life insurance companies [J]. Financial economics, 1986 (16).

Mayers D, Jr C. W. S. Ownership structure across lines of property-casualty insurance [J]. The journal of law and economics, 1988 (31).

Lamm-Tennant J, Starks L. T. Stock versus mutual ownership structures: the risk implications [J]. Business 1993 (66).

Mayers D , Smith Jr C W. Managerial discretion, regulation, and stock insurer ownership structure [J]. Journal of risk and insurance, 1994, 61 (4).

Pottier S. W, Sommer D. W. Agency theory and life insurer ownership structure [J]. Journal of risk and insurance, 1998, 64 (3).

Smith B D and Stutzer M. Adverse selection, aggregate uncertainty, and the role for mutual insurance contracts [J]. Journal of business, 1990, 63 (4).

Mayers D and Smith Jr C W. Executive compensation in the life insurance industry [J]. Journal of business, 1992, 65 (1).

Gardner, L. and M. Grace. Efficiency comparisons between mutual and stock life? insurance? companies [J]. Manuscript, UNLV, 1994.

Marx, L. M, D. Mayers and C. W. Smith. Insurer ownership structure and executive compensation as complements [J]. Journal of risk and insurance, 2001, 68 (3).

Carson J M, et al. Changes in ownership structure: theory and evidence from life insurer demutualizations [J]. Journal of insurance issues, 1998, 21 (1).

O'Sullivan, Stephen Diacon. Internal and external governance mechanisms: evidence from the UK insurance industry [J]. Corporate governance: an international review, 1999 (7).

He E and Sommer D W. CEO turnover and ownership structure: evidence from the U. S. property-liability insurance industry [J]. Journal of risk and insurance, 2011, 78 (3).

O'Sullivan and Diacon. Board composition and performance in UK life insurance companies [J]. British journal of management, Vol. 14 (2).

Hardwick et al. Corporate governance and cost efficiency in the UK life insurance industry [Z]. EBMS working papers, 2003.

Cheng J., Cummins J. D., Lin T. Organizational form, ownership structure, and CEO turnover: evidence from the property-casualty insurance industry [J]. Journal of risk and insurance, 2015.